## Henri J.M. Nouwen
## 헨리 나우웬
### 1932-1996

자신의 아픔과 상처, 불안과 염려, 기쁨과 우정을 여과 없이 보여줌으로써 많은 이들에게 영적 위로와 감동을 준 상처 입은 치유자 Wounded Healer. 누구보다 하나님과의 친밀한 관계를 원했던 그는 하나님을 사랑하는 법과 인간의 마음에 임재하시는 하나님을 발견하고자 애썼다. 매년 책을 펴내면서도 국제적인 강사, 교수, 성직자로서 정신없이 바쁜 행보를 이어갔고, 이러한 그의 삶은 1996년 9월 심장마비로 이 세상을 떠날 때까지 계속되었다.

수많은 강연과 40여 권이 넘는 저서를 통해, 그리고 무엇보다 자신의 삶을 통해 하나님과 직접 교제하는 모범을 보여주었다. 자신의 내면을 들여다보기 위해, 하나님을 사랑하고 그분의 사랑을 받는 법을 배우기 위해, 그래서 그 사랑으로 다른 사람들을 부르기 위해 종종 일터에서 물러났으며, 마침내 안착한 곳은 지체장애자들의 공동체 라르쉬 데이브레이크였다. 신앙은 그의 생명줄이자 요동하는 세상의 유일한 부동점不動點이었으며, 교회는 아무리 결점이 많아도 여전히 소망과 위로를 주는 피난처였다.

데이브레이크 공동체에서 함께 생활했던 수 모스텔러 수녀는 "당신의 고통을 두려워하지 마라, 관계가 힘들 때는 사랑을 선택하라, 서로 하나 되기 위해 상처 입고 쓰라린 감정 사이를 거닐라, 마음으로부터 서로 용서하라"는 것이 헨리 나우웬의 유산이라고 요약했다. 그의 유산은 지금도 살아 있다.

1932년 네덜란드 네이께르끄에서 태어나 1957년에 사제 서품을 받았다. 1966년부터 노트르담 대학교와 예일 대학교, 하버드 대학교의 강단에 섰으며, 1986년부터 데이브레이크 공동체를 섬겼다. 《탕자의 귀향》, 《상처 입은 치유자》, 《예수님의 이름으로》, 《영적 발돋움》, 《안식의 여정》 등 그의 대부분의 책은 국내에 번역, 소개되었다.

### 최종훈

대학을 졸업하고 지금까지 줄곧 잡지사와 출판사에서 취재, 기획, 번역 등 글 짓는 일을 했다. 여행하고 사진 찍는 일을 일상의 즐겨찾기에 넣어두고 있다. 번역한 책으로는 《탕자의 귀향》, 《인생의 어떤 순간에도 하나님은 너를 포기하지 않는다》, 《사랑으로 소문난 교회》, 《기도》, 《사랑의 집》 외에 다수가 있다.

집으로 돌아가는 길

**일러두기**

1 이 책은 헨리 나우웬이 《탕자의 귀향》을 쓰기 3년 전, 렘브란트의 그림과 예수님의 비유를 묵상하며 얻은 통찰을 라르쉬 데이브레이크 자원봉사자들과 함께 나눈 워크숍 녹취록을 정리한 미발표 원고이다.
2 본문에 인용된 성경은 대한성서공회에서 펴낸 표준새번역판을 따랐다.

# Home Tonight
By Henri J. M. Nouwen

Copyrightt © 2009 by Henri Nouwen Legacy Trust
All rights reserved.
Korean translation copyrightt © 2010 by Poiema,
an imprint of Gimm-Young Publishers, Inc.
This translation published by arrangement with Doubleday Religion, an imprint of The Crown Publishing Group, a division of Random House, Inc. through Eric Yang Agency, Seoul.

# 집으로 돌아가는 길

Henri J.M. Nouwen
헨리 나우웬 | 최종훈 옮김

*God is not laughing because we couldn't do it on our own.
The Spirit is not demanding that we finally confess in guilt and shame as a condition of our return.
The God in the parable is a personal, intimate, and loving Presence who lets each of us go
and welcomes each one home, all in amazing generosity and forgiveness.*

포이에마

**집으로 돌아가는 길**
저자 헨리 나우웬 | 역자 최종훈

1판 1쇄 발행 2010. 6. 7 | 1판 6쇄 발행 2022. 4. 10 | 발행처 포이에마 | 발행인 고세규 | 등록번호 제300-2006-260호 | 등록일자 2006. 10. 16 | 서울특별시 종로구 북촌로 63-3 우편번호 03052 | 마케팅부 02)3668-3260, 편집부 02)730-8648, 팩시밀리 팩스 031)955-3111

이 책의 한국어판 저작권은 에릭양 에이전시를 통해 The Crown Publishing Group의 임프린트인 Doubleday Religion과 독점 계약한 포이에마가 소유합니다. 저작권법에 의하여 한국 내에서 보호를 받는 저작물이므로 무단전재와 복제를 금합니다.

값은 뒤표지에 있습니다. ISBN 978-89-93474-32-9 03230 | 이메일 masterpiece@poiema.co.kr | 좋은 독자가 좋은 책을 만듭니다. | 포이에마는 독자 여러분의 의견에 항상 귀를 기울이고 있습니다.

우리는 매일, 매시간 떠나고 돌아오길 반복한다.
떠나고 돌아오는 건 삶의 단막극이 아니라 계속 이어지는 연속극이다.

**차 / 례**

서문 / 오늘 밤엔 집에 계실 건가요? / 8
프롤로그 / 이야기 속으로 함께 들어가 볼까요? / 14

1부
—
*Leaving and Returning Home*
# 가출, 그리고 귀향

외로움으로부터 라르쉬로 / 35
작은아들 / 52
라르쉬로부터 두 번째 외로움으로 / 86

2부

The Invisible Exile of Resentment
# 원한, 눈에 보이지 않는 귀양살이

큰아들 / 123
눈에 보이지 않는 귀양살이 / 146
귀향, 감사라는 이름의 집으로 / 168

3부

Home Is Receiving Love and Giving Love
# 집, 사랑을 주고받는 공간

원초적이고도 중요한 관계 / 195
어루만지며 은혜를 베푸시다 / 211
조건 없는 사랑 / 237

에필로그 / 헨리 나우웬에게 보내는 편지 / 268

## Are You Home Tonight
**서문**

# 오 늘 밤 엔
# 집 에 계 실 건 가 요 ?

    1986년, 헨리 나우웬은 처음으로 라르쉬 데이브레이크에 들어갔다. 공동체 측에서는 지적 장애를 가진 이들 몇몇이 함께 지내는 곳에 숙소를 마련해주었다. 그리고 그 식구들 가운데 존이 있었다. 벌써 여러 해째 공동체 안에 살면서 그룹 홈에 붙박이로 뿌리를 내린 중년 남성이었다. 열 명 남짓 되는 동료들 가운데서도 최고참이었다. 그런데 존에게는 낯선 이를 만날 때마다 다짜고짜 "집이 어디에요?"라고 묻는 버릇이 있었다.

    자주 만나는 주변 인물들도 질문 공세를 빗겨가지 못했다. 날이면 날마다 공동체와 그룹 홈을 이리저리 오가는 도우미들을 가만히 지켜보고 있다가 이때다 싶으면 핵심을 찌르는 두 번째 질문을 던졌다. "오늘 밤에는 집에 있을 건가요?" 하루하루 엄청난 스케줄을 소화하느라 분주한 헨리 나우웬 역시 예외가 될 수 없었다. 두 번째 질문은 유난히 통렬해서 함께 저녁밥을 먹지 못하는 까닭을 더듬더듬 설명해야 할 때가 한두 번이 아니었다. 애초부터 거처를 구할 작정을 하고 데이브레이크에 들어왔음에도 불구하고, "집이 어디에요?"와 "오늘 밤엔 집에 있을 거예요?"라는 질문에 담긴 복합적인 의미를 깨닫기까지는 5년이라는 세월이 더 필요했다. 헨리 나우웬에게 존은 그가 여전히 집으로 가는 여행 중임을 확실하고도 지속적으로 일깨워주는 아버지와도 같은 존재였다.

공동체 생활이 이태째로 접어들 무렵, 헨리 나우웬은 신경쇠약에 시달리다 7개월 정도 한시적으로 데이브레이크를 떠나 있기로 했다. 매니토바 주 위니펙에 있는 또

> 우리는 영혼의 여정을 따라가는 인간이 아니라, 인간의 길을 걷고 있는 신령한 존재들이다.
> ─
> 테일라르드 샤르댕

다른 공동체 홈스 포 그로스Homes for Growth에 들어가서, 친구들의 도움을 받아가며 혼자 조용한 시간을 갖기로 한 것이다. 개인적으로는 이 시기에 그를 만나는 특권을 누렸다. 헨리 나우웬은 차츰 기운을 되찾아가고 있다면서 감동어린 말투로 고독한 삶에 관해, 그리고 렘브란트의 탕자 그림에 등장하는 인물들과의 '뜻밖의 만남'에 대해 이야기했다.

헨리 나우웬의 경험은 원초적인 동시에 지극히 개인적이었다.

위니펙에서 보낸 시간을 정리하고 라르쉬 데이브레이크로 다시 돌아가기 직전, 그러니까 이제는 고전이 된 《탕자의 귀향*The Return of the Prodigal Son*》을 펴내기 3년 전의 일이다. 나우웬 신부는 복음서의 비유와 렘브란트의 그림을 벗 삼아 고독한 나날을 보내는 동안 내면에서 벌어진 일들을 중심으로 사흘짜리 워크숍을 열었다. 말로 전달하기 쉽지 않은 경험이었음에도, 나우웬은 과감하게 '육성'으로 설명하는 쪽을 선택했다. 어쩌면 스스로 하나님의 사랑하는 아들로 받아들여졌음을 표현하기에 가장 적합한 방법이 육성이라고 생각했는지도 모른다. 신부는 세계 곳곳에 있는 라르쉬 공동체에서 온 도우미들을 앞에 두고 말하기를, 개인적인 체험을 나누는 까닭은 탕자의 비유가 거기 모인 사람들 각자의 삶과 어떻게 연결되는지 깨닫도록 돕고 싶어서라고 했다. 자신이 홀로 고독한 시간을 보내며 그랬던 것처럼, 다들 탕자의 비유를 자신의 삶과 아주 밀접한 관계가 있는 이야기로 만들어야 한다고 강조했다.

나우웬은 청중들을 신뢰했다. 자신의 경험을 디딤돌 삼아 저마다 비유에 뛰어들어 독특하고도 소중한 깨달음을 얻게 되리라고 믿었다. 비록 나우웬은 세상을 떠났지만, 하나님의 무조건적인 사랑을 깊이, 그리고 온전히 느낄 수 있는 길을 제시한 이 원고를 내놓으며 독자들에게 거는 기대도 다르지 않을 것이다.

워크숍에서 행한 강연들은 전문가가 제대로 녹음한 것이 아니라, 헨리 나우웬이 숨을 거둔 뒤에 여기저기서 조금씩 뽑아내고 복사해서 돌려보던 것들이다. 나우웬은 두 번째와 세 번째보다는 첫 번째 강연을 더 주의 깊게 준비했던 것 같다. 그런 까닭에 나머지 두 테이프에 들어 있는 내용은 아직 책으로 출판된 적이 없다. 그래서 '내슈빌 다락방선교회'의 존 모가브르와 로빈 피핀, 토론토에 사는 친구 린지 예스쿠, 뉴욕 더블데이 출판사의 트레이스 머피와 힘을 모아 녹취록을 글로 편집하는 작업에 도전해보기로 했다. 나우웬의 목소리를 그대로 살려가며 설득력 있는 메시지들을 정리해서, 독자들이 심오한 깨달음에 이르도록 이끄는 일에 착수한 것이다.

헨리 나우웬은 사흘에 걸친 워크숍 기간에 아침마다 메시지를 전했다. 그리고 강연이 끝나면 경건의 시간을 가지면서 예로부터 전해 내려오는 그대로 하나님 말씀에 귀를 기울이고, 일기를 쓰고, 깊이 묵상하는 영성 훈련으로 초대했다. 참석자들은 이런 과정을 통해서 예수님의 비유와 렘브란트의 그림을 각기 자신의 것으로 받아들일 수 있었다. 그 뒤에는 소그룹으로 모여서 저마다 얻은 깨달음을 서

> 이야기에서 교훈을 얻는 건 멋진 일이다. 이야기는 결코 끝나지 않으므로, 거기서 가르침을 얻는 일 역시 한없이 지속되기 때문이다.
> ―
> 파커 J. 파머
> 《예수가 장자를 만날 때 The Active Life》

간곡하게 부탁하는데 풀리지 않는 마음속 매듭들에
조급해하지 말고 그 의문들을 자물쇠가 채워진 방이나
외국어로 쓰인 책처럼 사랑하도록 해보게.
당장 정답이 보이지 않는다고 해서 우왕좌왕하지 말게.
답을 얻었댔자 몸으로 살아낼 수 없기 때문일세.
중요한 건 삶으로 드러내는 일이라네. 지금은 의문으로 살게.
언젠가 미래의 어느 시점이 되면 자신도 모르는 사이에
해답으로 통하는 길을 살아내고 있을 테니까….

-

라이너 마리아 릴케
《젊은 시인에게 보내는 편지 *Letters to a Young Poet*》

로 나누고 진지하게 경청했다. 나머지 시간에는 개인적으로 묵상을 하든지 공동예배에 참석하든지 선택할 수 있었다.

이 책은 이런 궤적을 따라가면서, 독자들에게 워크숍을 직접 체험할 기회를 주어 헨리 나우웬의 핑계와 두려움과 거부를 단번에 압도했던 그 강렬한 음성을 들을 수 있게 하는 데 초점을 맞추었다.

나우웬으로서는 자신의 영적 귀향을 얘기한다는 게 다소 부담스러웠겠지만, 그 메시지가 다른 누군가의 삶에서 훌륭하게 열매 맺을 수 있다는 사실을 잘 알고 있었다. 하지만 나우웬 자신조차도 전혀 눈치 채지 못했던 사실이 있었다. 이야기가 전개될수록 나우웬은 자신이 설명하고 있는 아버지의 모습, 자녀들이 돌아오길 간절히 바라고 또 기대하는 인물로 차츰 변해갔다는 점이다.

자, 이제 나우웬과 함께, 그리고 심령에 불씨를 되살려주시는 살아 계신 성령님, 그 사랑의 영과 더불어 존의 예리한 질문에 귀를 기울일 차례이다.

"집이 어디에요?"

"오늘 밤에는 집에 있을 건가요?"

수 모스텔러
헨리 나우웬 재단, 2007년 8월

## Walk with Me into the Story
### 프롤로그

# 이야기 속으로

# 함께 들어가 볼까요?

성경에 나오는 돌아온 탕자의 이야기를 밖에서 안으로, 머리에서 가슴으로 끌어들이십시오. 비유의 한 장면 한 장면을 영혼에 아로새기십시오. 틀림없이 내면에 무언가 새로운 생각이 떠오를 겁니다. 내가 얻었던 것과는 전혀 다른 그야말로 독보적인 깨달음입니다. 여기서 정말 중요한 건 단 하나, 탕자의 이야기를 어떻게 받아들이느냐 하는 것뿐입니다. 보입니까? 비유와 그림이 손짓하며 부릅니다. 어서 들어와서 등장인물 가운데 하나로 참여하라고 말입니다. 누구든지 이야기 속으로 뛰어들기만 하면, 주인공들의 모습이 자신의 인생 여정과 새로이 연결되는 걸 감지할 수 있을 겁니다. 자, 이제 탕자의 비유를 가장 내밀한 자신의 이야기로 만드십시오.

뿐만 아니라, 혼자서만 비유 속으로 들어가지 않았으면 좋겠습니다. 지구촌에 발붙이고 살며 한 식구가 된 형제자매들과 손을 맞잡고 함께 가십시오. 분명히 말하지만 그냥 하는 소리가 아닙니다. 인간으로서 같은 됨됨이를 가진 모든 이들과 함께라면 이야기 속으로 더 잘 들어갈 수 있기 때문입니다. 비유에 뛰어들어 참여하려는 마음가짐은 자신뿐만 아니라 다른 이들에게도 대단히 유익합니다. 한 인간의 삶은 가까운 인물들은 물론이고 특별한 관계가 없는 이들에게까지 멋진 선물이 되는 까닭입니다. 과학적인 연구들을 통해서 오늘날 인류는 우주에 존재하는 모든 사물, 또는 다른 인간들과 긴밀한 연관을 맺으며 살 수밖에 없다는 사실이 속속 드러나고 있습니다. 이건 일종의 초대입니다. 무언가가 여러분의 마음을 울렸다면, 또한 '인간'의 이름으로 이 땅에 살고 있는 다른 이들의 마음도 움직일 수 있음을 믿고 바로 여기서 지금 당장 자신을 돌아보아야 합니다.

생소한 얘기처럼 들릴지도 모르겠습니다. 하지만 주위에 있는 이들을 생각해보십시오. 가족에서 시작해서 사랑하는 이들, 친척, 친구, 지인, 직장 동료, 이웃, 교회, 같은 문화권과 대륙, 세계로 범위

> 부드럽고 섬세한 마음으로 읽어라. 은혜를 입길 기대하는 심정으로 읽어라. 졸린 눈을 비벼가며 사랑하는 신랑을 기다리는 심령으로 읽어라. 존경하는 자세로 읽어라.
>
> 마크리나 비더케르
> 《천사가 내려앉은 나무》
> *A Tree Full of Angels*

소중한 무언가를 잃고 아파할 때, 그 비통한 마음은
내면의 눈을 열어서 가족, 친구, 동료라는 작은 세계를 뛰어넘어
상실의 고통이 지배하는 다른 세상을 보게 해줍니다.
죄수, 난민, 에이즈환자, 굶주리는 어린이들, 지속적인 두려움 속에
지내는 수많은 인간들이 사는 세계를 발견합니다.
그렇게 해서 괴로워하며 부르짖는 심령은
고난당하는 인류의 슬픔과 신음으로 이어집니다.
우리의 슬픔은 자신보다 더 커집니다.

-

헨리 나우웬
《뜨거운 마음으로 With Burning Hearts》

를 넓혀 가십시오. 어쩌면 가장 가까운 이들이 더 힘들 수도 있습니다. 배우자, 부모, 자녀, 형제, 자매 같은 가족들과 갈등을 겪는 경우가 얼마나 많은지 모릅니다. 파손, 상실, 의견 충돌을 둘러싼 고통스러운 기억과 감정들이 수두룩합니다. 그 밖에도 저마다 가깝고 먼 수많은 얼굴들을 의식에 담고 삽니다. 더러는 잘 살아가지만 가난과 질병, 학대, 폭력, 외로움, 기근, 전쟁, 절망을 겪는 사람들도 적지 않습니다. 그런 이들을 두루 불러들여서 인간으로서 유대를 나누십시오. 누구도 혼자서는 생각할 수도, 성장할 수도, 이야기를 나눌 수도, 움직일 수도 없습니다.

차츰 다른 이들을 향해 마음을 열면, 내면 가장 깊은 곳에서 살아 있는 이들과 이미 세상을 떠난 모든 이들을 위해 살아가는 길을 선택할 수 있습니다. 그들을 불러 모으고 보살피십시오. 여러분도 기꺼이 인류의, 그리고 우주를 이루는 무수한 미립자의 일부가 되십시오. 물에 돌멩이 하나를 던졌을 때처럼, 자신의 삶을 중심으로 한없이 퍼져나가는 동심원을 소유하게 될 것입니다. 머리에 어떤 얼굴이 떠오르든지, 그와 더불어 비유 속으로 들어가십시오. 손짓해서 가까이로 초대하십시오. 그들과 하나가 되십시오. 필자와 함께 탕자의 이야기 속을 더 샅샅이 헤집을수록 그들에 대한 생각도 더 깊어지길 바랍니다.

〈나무와 작은 초가집〉, 1650, 소묘

이 책은 전반적으로(쉽게 풀어낸 성경말씀이 자주 등장하기는 하지만) 탕자의 비유를 통해 개인적인 경험을 풀어낸 책입니다. 이 글이 사사로운 고통과 환희에서 비롯됐다는 사실을 알고 나면 얼마쯤 거리감이 생길지도 모르겠습니다. "내 삶은 달라. 하지만 탕자의 비유가 내 인생과 나름대로 상관이 있다는 건 알겠군"이라고 생각하며 등을 돌릴 수도 있습니다. 그렇습니다. 성경에 기록된 이 말씀 속으로 깊이 들어갈수록 하나님, 그리고 만물을 지으신 창조주의 영과 거룩한 관계를 맺고 유지하는 데 필요한 이야기를 제외하곤 내 모든 말들을 내버리게 될 것입니다.

아주 어려서부터 두 갈래 선명한 목소리에 사로잡혀 살았습니다. 첫 번째는 "세상에 나가 성공해야 하며 네 힘으로 이뤄낼 수 있다는 신념을 잃지 말라"는 음성이었습니다. 두 번째는 "죽는 날까지 지극히 사소한 일 하나라도 예수님 사랑에 의지하라"는 얘기였습니다. 아버지는 첫 번째에 가까웠고 어머니는 두 번째에 조금 더 기우는 편이었습니다. 하지만 두 쪽 다 더할 나위 없이 강렬했습니다. 한쪽에서 말합니다. "유명해져야 한다. 마음만 먹으면 뭐든지 할 수 있다. 아무것도 두려워하지 않는다는 걸 세상에 확실히 보여줘라. 앞만 보고 무한정 전진해라. 사나이답게 씩씩해야 한다. 장남으로서, 그리고 맏형으로서 한 점 부끄럼 없이 살아야 한다." 다른 한편에서는 이렇게 속삭입니다. "소박하고 평범하게 다가오시는 예수님의 손길을 놓쳐서는 안 된다. 삶에서 죽음에 이르기까지 주님의 삶을 온전히 본받아야 한다."

고민스러웠습니다. 한 목소리는 위로 올라가라고 하고 다른 음성은 내려가기를 요구했기 때문입니다. 동시에 양쪽을 만족시킬 방도를 도무지 찾을 수가 없었습니다.

식구들의 기대를 한몸에 받는 맏아들로서는 응당 위로 올라가라는 목소리를 좇아야 했습니다. 처음에는 나도 무언가 대단한 일을 할 수 있다는 걸 세상에 보여주고 싶었습니다. 그래서 '겸' 목회자가 되었습니다. '겸'이 붙은 목회자가 무슨 소리냐고요? 성직자 겸 심리학자가 되기로 했다는 뜻입니다. 평범한 성직자로는 만족할 수 없었습니다. 심리학자까지 되어야 직성이 풀릴 것 같았습니다. 목회자를 싫어하는 이라도 심리학자는 좋아해줄지 모르니까요. 그래서 위를 바라보며 걷기 시작했습니다. 네덜란드에서 미국으로 건너갔고 얼마 지나지 않아서 노트르담 대학에서 학생들을 가르치게 됐습니다. 그러곤 노트르담 대학에서 예일 대학으로, 예일 대학에서 하버드 대학으로 자리를 옮겼습니다. 아버지는 기뻐하며 말했습니다. "장하구나, 내 아들!"

반면에, 어머니는 거듭 물었습니다. "그래, 참 잘했다. 하지만 예

물 속 깊은 곳으로 빠져 들어갔더니
큰 물결이 나를 휩쓸어갑니다. 목이 타도록 부르짖다가
이 몸은 지쳤습니다. 눈이 빠지도록
나는 나의 하나님을 기다렸습니다.
-

난 C. 메릴
《기도를 위한 시편 Psalms for Praying》

〈개를 보고 놀란 아이를 붙들고 있는 여인〉, 1636, 소묘

수님과의 관계를 잃어버린 건 아니니?"

그런 과정이 반복되면서 차츰 뼈아픈 외로움과 끊임없이 고개를 내미는 애정 결핍 속으로 끌려들어갔습니다. 대학에서 가르치는 걸 좋아했지만 깊은 친밀감을 느끼고 싶다는 갈망을 떨쳐낼 수 없었습니다. 물론 어머니와의 관계에서 어느 정도 특별한 사랑을 감지할 수 있었습니다. 그 어른의 사랑은 아주 세심했으며, 일거수일투족을 놓치지 않았고, 필요를 낱낱이 채워주었고, 아주 구체적이었으며, 빈 구석이 없었습니다. 그야말로 무조건적인 사랑에 가까웠습니다. 그랬기에 1978년, 어머니가 세상을 떠나자 진심으로 그 부재를 서러워했습니다. 언제나 안전하게 '붙들어주던' 손길이 홀연히 사라져버린 겁니다. 어머니라는 존재와 '가정'이라는 감각을 한꺼번에 잃어버린 이중 상실이었습니다. 어머니를 잃으면서 하강 국면에 접어들었습니다. 1980년대 초, 하버드 대학에서 보낸 마지막 학기는 인생 전체를 통틀어 가장 불행했던 시기였습니다. 그리고 외로움을 뒤로 한 채 라르쉬를 향해 가는 일생일대의 장정을 시작한 것도 바로 그 무렵이었습니다.

지난 한 해 동안, 라르쉬를 떠나서 두 번째 고독으로 들어가는 또 다른, 더 도전적인 길을 떠나라는 부르심을 받았습니다. 그리고 다시 집으로 돌아가는 그 먼 길을 가는 동안 대부분 탕자의 비유와 함께했습니다. 여러분과 더불어 이 이야기 속으로 들어가는 이 발길이 필생의 보물을 찾아 떠나는 여정의 잠재적인 출발점이 되길 간절히 바랍니다.

탕자의 비유는 여러분에게 가장 친숙한 이야기가 될 가능성이 높습니다. 어느 시점에서든 각자를 위해 아주 독특한 통찰을 담고 있습니다. 나로서는 그저 개인적인 경험을 들려주어서 제각기 이야기를 풀어나가는 한편, 자신을 지으신 분과의 관계에 비추어 인간으로서 여러분 자신의 됨됨이를 진지하게 받아들이도록 돕고자 할 따름입니다. 생각뿐만 아니라 마음을 다하여, 신앙적인 면에서만이 아니라 삶의 체험을 통해서 안전과 치유와 용서를 비롯한 중요한 선물을 베푸시는 분의 '임재'를 향해 돌아서라는 호소인 셈입니다.

그러기 위해서 잠시 여정을 멈추고 귀를 기울이고, 일기를 쓰고, 깊이 묵상하는 세 가지 영성 훈련을 해보라고 권하고 싶습니다. 이런 '영적인 연습'은 나우웬이라는 인간의 체험을 초월해서 저마다 개인적인 차원에서 비유와 그림 속으로 들어가게 이끄는 통로 구실을 합니다. 운동이 신체를 유연하게 하듯, 영성 훈련은 쉬 흐트러지는 마음을

---

익숙한 게 도리어 문제가 될 수 있다. 이 이야기는 성경에 나온 것이어서 개중에는 귀에 못이 박이도록 들었던 이들도 적지 않을 것이다. 이미 수많은 이들이 이리저리 해석해온 터라 새로운 의미를 찾아보려는 생각조차 들지 않을지 모른다.
-
파커 J. 파머
《예수가 장자를 만날 때》

단단히 붙들어서 단순히 책을 읽는 차원을 넘어 본문이 말하는 바를 대단히 사사로우며 구체적인 방식으로 받아들이게 해줍니다. 영성 훈련은 비유를 머리에서 마음으로 끌어내려서 단단히 간직하게 하며 중심에 살아 숨 쉬도록 이끕니다. 영적인 진리를 배우는 수준에 머물지 않고 살아 계신 사랑의 영과 만나게 해줍니다. 규칙적인 영혼의 훈련을 반복하면 온전함으로 나가는, 다시 말해서 고향 집으로 돌아가는 여정이 더욱 흥미진진해집니다.

  앞으로 전개될 이야기는 처음부터 끝까지 누가복음 15장 11-32절에 등장하는 비유에 토대를 두고 있습니다. 먼저 조용하고 편안한 데 자리를 잡고 영성 훈련의 모험을 시작하십시오. 선입견을 버리십시오. 천천히 본문을 읽으십시오. 마음 깊이 들이마시십시오. 뼛속 깊이 스며들게 하십시오. 머리에서 가슴으로 자유롭게 흘러가게 하십시오.

  어떤 사람에게 아들이 둘 있는데, 작은 아들이 아버지에게 말하기를 "아버지, 재산 가운데서 내게 돌아올 몫을 내게 주십시오" 하였다. 그래서 아버지는 살림을 두 아들에게 나누어주었다. 며칠 뒤에 작은 아들은 제 것을 다 챙겨서 먼 지방으로 가서, 거기에서 방탕하게 살면서 그 재산을 낭비하였다.

그가 그것을 다 탕진했을 때에, 그 지방에 크게 흉년이 들어서 그는 아주 궁핍하게 되었다. 그래서 그는 그 지방에 사는 어떤 사람을 찾아가서 몸을 의탁하였다. 그 사람은 그를 들로 보내서 돼지를 치게 하였다. 그는 돼지가 먹는 쥐엄 열매로라도 배를 채우고 싶은 마음이 간절했으나 주는 사람이 없었다. 그제서야 그는 제정신이 들어서 이렇게 말하였다. "내 아버지의 그 많은 품꾼들에게는 먹을 것이 남아도는데, 나는 여기에서 굶어 죽는구나. 내가 일어나 아버지에게 돌아가서 이렇게 말씀드려야 하겠다. '아버지, 내가 하늘과 아버지 앞에 죄를 지었습니다. 나는 더 이상 아버지의 아들이라고 불릴 자격이 없으니 나를 품꾼으로 삼아주십시오.'" 그는 일어나서, 아버지에게로 갔다.

그가 아직도 먼 거리에 있는데, 그의 아버지가 그를 보고 측은히 여겨서 달려가 그의 목을 껴안고 입을 맞추었다. 아들이 아버지에게 말하였다. "아버지, 내가 하늘과 아버지 앞에 죄를 지었습니다. 이제부터 나는 아버지의 아들이라고 불릴 자격이 없습니다." 그러나 아버지는 종들에게 명령하였다. "어서 좋은 옷을 꺼내서 그에게 입히고, 손에 반지를 끼우고, 발에 신을 신겨라. 그리고 살진 송아지를 끌어내다가 잡아라. 우리가 먹고 즐기자. 나의 이 아들은 죽었다가 살아났고, 내가 잃었다가 되찾았다." 그래서 그들은 잔치를 벌였다.

큰 아들이 밭에 있다가 돌아오는데, 집에 가까이 이르렀을 때에, 음하지만 '침묵의 시간'과 같은 훈련은 생각만큼 만만하지 않다.
공부하지 않으면 불가능한 체험이다.
먼저 산더미처럼 쌓여 있는 쓸데없는 쓰레기와 부스러기,
온갖 폐기물들을 마음에서 치워야 한다. 아주 조그만 쪼가리라도
내면에 방치하면 금방 수북해져서 주의를 산만하게 한다.
더 깊이 느끼고 사고하게 해주는 요소들이 있는 반면,
잡동사니 역시 늘 있기 마련이다. 그러므로 가장 내밀한 자아를 광활하고
텅 빈 평원으로 만드는 것을 묵상의 목표로 삼아라.
눈속임에 능한 덤불들이 시야를 가리지 않아야 '하나님'으로부터,
그리고 '사랑'으로부터 무언가가 중심으로 들어올 수 있을 테니.

-

에티 힐레줌
《가로막힌 삶, 베스터보르크에서 온 편지
*An Interrupted Life, and Letters from Westerbork*》

〈탕자의 귀향〉, 1668, 유화

악 소리와 춤추면서 노는 소리를 듣고 종 하나를 불러서 무슨 일인지를 물어보았다. 종이 그에게 말하기를 "아우님이 집에 돌아왔습니다. 건강한 몸으로 돌아온 것을 반겨서 주인 어른께서 살진 송아지를 잡으셨습니다" 하였다. 큰 아들은 화가 나서, 집으로 들어가려고 하지 않았다. 아버지가 나와서 그를 달랬으나, 그는 아버지에게 말하였다. "나는 이렇게 여러 해를 두고 아버지를 섬기고 있고 아버지의 명령을 한 번도 어긴 일이 없는데, 내게는 친구들과 함께 즐기라고 염소 새끼 한 마리도 주신 일이 없습니다. 그런데 창녀들과 어울려서 아버지의 재산을 다 삼켜버린 이 아들이 오니까, 그를 위해서는 살진 송아지를 잡으셨습니다."

아버지가 그에게 말하기를 "애야, 너는 늘 나와 함께 있지 않느냐? 또 내가 가진 모든 것은 다 네 것이 아니냐? 너의 이 아우는 죽었다가 살아났고 내가 잃었다가 되찾았으니 즐거워하고 기뻐하는 것이 마땅하지 않겠느냐?" 하였다.

본문 말씀을 적금통장쯤으로 여기십시오. 아직 움트지 않은, 잘 보살피고 물을 주고 키워 열매를 거두어야 할 씨앗이 가득 묻혀 있는 비옥한 들판쯤으로 생각하십시오. 조용히 앞으로 나가십시오.

※ 귀를 기울이십시오

말씀이 깁니다. 짓눌리지 말고 다른 구절에 비해 특별히 감동을 주는 부분에 초점을 맞추십시오. 누가 이 메시지를 전하고 있습니까? 이 본문을 의미 있게 받아들이는 까닭은 무엇입니까? 마음을 울리는 이런 구절들에 주목하십시오.

※ 일기를 쓰십시오

책 앞쪽에 실린 렘브란트의 그림을 주의 깊게 보십시오. 탕자의 비유를 묘사한 거장의 걸작입니다. 어떤 느낌이 듭니까? 화가가 재현한 현장에 빛이 어떻게 들고 나는지 유심히 들여다보십시오. 광선에 관해 관찰한 내용을 일일이 일기에 기록하십시오. 끈질기게 붙들고 늘어지십시오. 귀 기울여 들은 내용과 그림 속의 빛이 알려주는 사실들을 마음에 떠오르는 대로 노트에 쓰십시오. 그림자와 어두운 부분을 세심하게 살피십시오. 빛이 드는 자리와 대조해가며 새로 알게 된 점들을 적으십시오. 여러분의 삶에 드리운 빛, 어두움, 그림자 따위를 적절히 표현해주는 단어들을 찾아내십시오.

※ 묵상하십시오

영성 훈련은 펜촉에서 끝나지 않습니다. 연필을 내려놓고 다음 단계로 넘어가십시오. 자녀를 향한 사랑보다 더한 사랑으로 여러분을 대하시는 그분 앞에서 아무 거리낌 없이 생각과 감정을 털어놓는다고 상상하십시오. 한없이 믿어주고 소중하게 여겨주는 친구를 앞에 두고 있는 것처럼 속 시원히 마음을 펼쳐놓으십시오. 여태껏 마주친 빛과 어두움, 그림자에 대한 감정과 믿음을 힘닿는 데까지 정확하게 설명하십시오. 사랑이 많으신 하나님은 자녀들이 무슨 이야기를 하든 꾸중하지 않으시고 불쌍히 여기시며 처음부터 끝까지 다 들어주신다는 사실을 굳게 믿고, 다소 고통스러울지라도 철저하게 솔직해지십시오. 조용히 자리를 지키며 기다리십시오.

마음에서 마음으로 대화하십시오.

# 가출, 그리고 귀향

*Leaving and Returning Home*

**1부**

그래, 아들아, 가거라. 아마 상처를 입을 테고 사는 게 힘들어지고 고통을 겪게 될 것이다.
심지어 목숨을 잃게 될지도 모른다. 그래도 위험을 감수하려는 걸 미리 막지는 않겠다.
돌아올 때까지 여기서 너를 기다리마. 네가 떠나는 순간에도 난 여기에 있겠다.
우리는 하나이고 그 무엇도 우리를 나눠놓을 수 없단다.

—

Henri J. M. Nouwen
*Home Tonight: Further Reflections on the Parable of The Prodigal Son*

Home Tonight

# From Loneliness to L'arche
## 1
## 외로움으로부터
## 라르쉬로

    하버드 대학에서 세계 각국으로부터 찾아온 수많은 인재들에게 예수님을 가르치면서도 늘 비참하고 우울했습니다. 그때마다 나도 모르게 어린 시절, 주님의 순전한 진리를 들려주던 그 강렬한 목소리가 떠올랐습니다. 복음을 선포한답시고 하는 일들이 결국은 심령을 지키지 못하게 하고 하나님과 긴밀하게 연결된 삶을 가로막는 결정적인 요인으로 작용하는 게 아닌가 하는 의심이 들기 시작했습니다. 하버드 대학은 대단히 야심적인 학교입니다. 다들 가장 뛰어나고 가장 명석한 존재가 되고 싶어 합니다. 권력을 틀어쥐고, 더 높은 지위를 차지하고, 정치적인 영향력을 행사하며, 경제적으로 성공하는 데 관심이 많습니다.

> 고통은 무시무시한 교사이지만 가장 멋진 무언가가 시작되는 출발점인 경우가 많다. 괴로움과 창의성은 상당 부분 상호의존적이다. 고통이 불러일으키는 엄청난 압박감은 창의적인 반응을 통해서 풀려나가곤 한다. 고난은 조개껍질 속에 틀어박힌 모래알과 같아서 언젠가 멋진 진주를 키워낸다.
>
> ─ 딕 라이언
> 《가슴에서 흘러나오다
> Straight from the Heart》

그 틈바구니에서 예수님에 대해 이야기하는 건 쉬운 일이 아니었습니다. 대학의 분위기에 맞춰 좀 더 치열하게 경쟁하며 주어진 조건을 십분 활용해서 '성공한' 교수가 되어야 할 것만 같은 압박감을 느꼈습니다. 어머니의 죽음으로 사랑이 넘치는 관계가 단절된 뒤로 이루 말할 수 없을 만큼 외로웠습니다. 기도는 겉돌고, 친구가 되고 싶어 하는 이들에게 적절한 반응을 보이지 못했으며, 공동체라는 울타리 안에 머물지도 못했습니다. 무언가 대책을 세워야 한다는 생각이 들었지만 무얼 어떻게 해야 좋을지 몰랐던 터라 절망감만 깊어졌습니다. 기도시간마다 괴로움에서 벗어날 길을 가르쳐달라고 간구하기 시작했습니다.

어느 날 아침, 누군가 내가 사는 조그만 아파트 현관문을 똑똑 두드렸습니다. 자그마한 여성이 얼굴 가득 미소를 머금고 문간에 서 있었습니다. "안녕하세요? 그런데 이렇게 이른 아침부터 무슨 일이시죠?"

"저는 얀 리세라고 합니다." 여인이 대답했습니다.

"아, 그러세요. 뭘 도와드릴까요?"

"음, 장 바니에 신부님이 안부를 전해달라고 하셨어요."

지금은 '장 바니에'라는 인물과 개인적으로 긴밀한 관계가 생겼지만, 당시는 달랐습니다. 물론 장애를 가진 이들을 반갑게 맞아들여서 라르쉬라는 공동체를 꾸려가고 있다는 건 잘 알고 있었으며 늘 존경스러운 마음으로 지켜보기는 했습니다. 심지어 책을 쓰면서 장 바니에 신부를 잠깐 소개한 일도 있었습니다. 하지만 단 한 번도 얼굴을 맞대본 적은 없었습니다. 그래서 다시 한 번 여인에게 물었습니다. "잘 알겠습니다. 그럼 이제 뭘 하면 되죠?"

얀 리세는 여전히 미소 띤 얼굴로 말했습니다. "신부님이 안부를 전해달라고 하시더군요."

"참 감사하군요. 그런데 정말 그것뿐인가요?"

"예, 장 바니에 신부님은 그냥 안부를 전하라고 하셨어요."

여느 날처럼 분주한 하루가 기다리고 있었으므로 쓸데없는 인사치레 따위는 건너뛰고 싶었습니다. 그래서 재우쳐 물었습니다. "그러니까 어디서 강의를 해달라든지, 세미나를 인도해달라든지, 연설해달라는 게 아니냐는 말씀입니다. 뭘 해드리면 되죠?" 여인은 물끄러미 바라보더니 엉뚱하게도 안으로 들어가도 되겠느냐고 물었습니다. 얼른 비켜서며 대답했습니다. "물론이죠. 어서 들어오세요. 하지만 곧 수업이 있습니다. 그 다음에는 회의에 들어가야 하고요.

저녁식사 시간까지는 옴짝달싹 못하겠어요."

이미 집안에 들어선 얀 리세는 뒤를 돌아보며 대꾸했습니다. "괜찮습니다. 나가서 마음 편히 일 보세요. 돌아오실 때까지 여기서 기다리겠습니다." 그렇게 해서 손님은 집으로 들어가고 주인은 종일 일하러 문을 나섰습니다. 저녁 무렵, 아파트로 돌아온 나는 뜻밖의 장면과 맞닥뜨렸습니다. 하얀 천이 덮인 식탁에 촛불과 포도주병, 사기그릇 따위가 근사하게 차려져 있었습니다. 식탁 한복판에는 예쁜 꽃병이 자리를 잡았습니다. 눈이 휘둥그레져서 소리쳤습니다. "이게 다 뭐예요?"

"신부님과 함께 저녁을 먹으면 좋을 것 같아서요." 여인이 아무렇지도 않게 대답했습니다.

"하지만 이렇게 멋진 물건들은 어디서 구했죠?"

"신부님 찬장에서요." 부엌 쪽을 가리키며 그녀가 말했습니다. "살림에 통 관심이 없으신가 봐요." 결국 집에 있던 것들만 가지고 촛불에 포도주까지 이 훌륭한 저녁상을 차렸다는 얘기였습니다.

얀 리세는 캠퍼스에 마련해준 숙소에서 사흘을 머물다 떠났습니다. 그동안 몇 차례 만나서 이야기를 나누었고 수업에 들어오기도 했습니다. 마지막으로 남긴 말이 인상적이었습니다. "잊지 마세요. 장 바니에 신부님이 안부를 전하셨어요."

의자에 앉아서 혼자 중얼거렸습니다. "흠, 뭔가 변화가 일어나고 있어. 이건 예삿일이 아냐." 그러나 한 달, 두 달, 심지어 몇 달이 흘러도 조용했습니다. 그러던 어느 날, 마침내 전화가 걸려왔습니다. 장 바니에였습니다. "여기는 시카고예요. 지금 피정 중인데 신부님 생각이 나더군요. 괜찮으면 이리 와서 함께 지내지 않으실래요?"

서둘러 대답했습니다. "그러고 싶지만, 올해만 해도 벌써 여러 번 그런 기회를 가져서요."

장 바니에가 말했습니다. "피정하러 오시라는 뜻이 아닙니다. 지금 세계 여러 나라에서 온 라르쉬 식구들과 함께 있거든요. 나우웬 신부님도 여기서 함께 기도하면 좋겠다 싶어서 드리는 말씀입니다. 우리는 이번 기간 내내 침묵하기로 했습니다. 그러니까 수많은 이들 앞에서 강연해야 한다는 부담도 가질 필요가 없습니다. 여기 며칠 머물면 신부님께 쉼이 될 것 같군요."

순간, 무언가 중요한 일이 일어나고 있다는 생각이 또 한 번 뇌리를 스쳤습니다. 결국 만사를 제쳐놓고 며칠 동안 시카고에 가 있기로 했습니다. 쉰 명이 넘는 이들이 한데 모여 말없이 함께 먹고 나누고 예배를 드렸습니다. 날마다 장 바니에와 만나서 하

> 살아가다 무슨 일을 만나든지, 설령 매사가 엉망진창이고 정신없이 돌아간다 할지라도, 그 가운데 어느 틈에는 하나님의 손길이 미치는, 쉽게 말해서 모든 상황을 끌어안고 구원을 베풀어주시는 순간이 있음을 믿어야 한다.
>
> 딕 라이언
> 《가슴에서 흘러나오다》

음악은 그녀의 삶에 없어서는 안될 동반자와 같다. 라르쉬 케이프브레턴의 캐시.
_ 사진 : 아밀 자보

버드 대학에서 느끼는 고뇌를 털어놓는 것 말고는 온종일 지구촌 곳곳의 라르쉬 공동체에서 온 이들과 더불어 침묵 피정을 즐겼습니다. 그리고 마침내 다시 헤어져야 할 시간이 됐을 때, 장 바니에 신부는 스치듯 한 마디 했습니다. 도전적이면서도 안도감을 주는 묘한 얘기였습니다. "어쩌면 우리 식구들(라르쉬 공동체에서 사는 장애우들)이 신부님께 집이 되어드릴 수 있을지 모르겠습니다."

그 한 마디가 심금을 울렸습니다. 마치 예언적인 부르심 같았습니다. 그래서 얼마 후, 유럽에 간 김에 파리 바로 북쪽에 있는 라르쉬로 장 바니에를 찾아갔습니다. 장애를 가진 이들과 지내는 게 전혀 불편하지 않았습니다. 도리어 공동체 안에서 지내는 동안 전반적으로 평안하고 느긋하며 안전한 느낌이 들었습니다. 하버드는 제게 어울리는 자리가 아니라는 걸 깨달았습니다. 그해 연말쯤 학교에 사표를 내고 '트로즐리 공동체'에서 글을 쓰며 안식년을 갖기로 했습니다. 거기 머무는 동안 캐나다 토론토에 있는 라르쉬 데이브레이크 공동체에서 3년 동안 목회자가 되어달라는 연락이 왔고, 저는 흔쾌히 그러마 하고 초대를 받아들였습니다.

그리고 이듬해, 드디어 데이브레이크에서 멋진 집, 따뜻한 가정을 얻었습니다. 아울러 외로움에서 출발해서 라르쉬에 이르는 여정의 제1부를 마무리했습니다. 하지만 한편으로는 아직도 가야 할 길이 남아 있다는 놀라운 사실을 깨달았습니다. 그것도 아주 먼 길이었습니다.

라르쉬를 생각할 때 가장 익숙한 말은 '집'이었습니다. 라르쉬는 집이고 가정이었습니다. 장 바니에는 말했습니다. "어쩌면 우리 식구들이 신부님께 '집'이 되어드릴 수 있을지 모르겠습니다." 데이브 레이크 관계자들은 말했습니다. "공동체의 목회자가 되어주면 좋겠어요. 우리는 신부님의 '집'이 되어드릴게요." 평생 혼자 살면서 내면에 늘 외로움을 품고 지냈던 탓에, '집'이라는 단어가 마음을 흔들었습니다. 대학이라는 경쟁사회에서 '집'은 중요한 말이 아니었습니다. 조직, 성공, 재원 확보, 권력 같은 어휘들 속에서 공동체, 친밀감, 단란함 따위의 개념은 설 자리를 잃었습니다.

어딘가에 속해 있다는 의식, 그리고 '집'에 머물고 있다는 느낌에 목말랐던 터라, 갈망이 채워질 거라는 기대를 잔뜩 품고 라르쉬에 들어갔습니다. 그런데 거기에서 3년을 머무는 사이에 '집'이란 마음에 새겨진 그림이나 육신이 소망하는 모습과는 다른 형상일 수 있다는 생각이 차츰 또렷해졌습니다. 충격이었습니다. 그동안은 집이

> 소명 의식은 조금씩, 눈에 띄지 않을 만큼 조금씩 가장 건강한 본성과 지극히 고상한 욕구들을 표현하게 해준다. 크고 작은 일들을 통해 끊임없이 소집 신호를 보내는 내면의 부름에 응하는 것이다.
> –
> 딕 라이언
> 《가슴에서 흘러나오다》

라고 하면 온화하고 친밀하고 사랑이 넘치는 순수한 경험의 총체일 거라는 허상을 바라보며 살았습니다. 처음에는 그 환상이 적잖이 채워지기도 했습니다. 하지만 데이브레이크에서 보낸 날이 길어질수록 집을 찾으려면 먼저 집을 포기할 줄 알아야 한다는 사실을 더 깊이 깨달았습니다. 공동체 안에서 장애를 가진 이들, 그리고 도우미들과 더불어 지내면서 내가 아직 살아낼 준비를 갖추지 못한 어떤 삶으로 초대하시는 주님의 음성을 감지할 수 있었습니다.

데이브레이크에 익숙해질수록, 옛 마귀들이 다시 찾아와서 애정 결핍이라는 내 약점을 물고 늘어졌습니다. 자기밖에 모르고 대가를 바라는 마음을 버리고 넉넉히 사랑한다는 게 이루 말할 수 없을 만큼 힘들다는 생각이 뼛속 깊이 파고들기 시작했습니다. 여태껏 살면서 경험했던 것과는 확연히 다른 두 번째 고독으로 연결된 캄캄한 터널 속으로 빨려 들어가는 느낌이 들었습니다. 내게 일어난 일들을 어떻게 설명해야 좋을지 모르겠지만, 탕자의 이야기는 그 여정이 가져다주는 선물과 영적인 의미를 파악하는 데 큰 도움이 되었습니다.

탕자의 비유를 읽고 렘브란트의 그림을 연구하면서 내 안에 뉘우쳐야 할 작은아들과 역시 돌이켜야 할 큰아들이 공존한다는 사실을 알게 되었습니다. 하지만 가장 중요한 가르침은 따로 있었습니다. 아버지(또는 부모)의 모습이 내 안에 가장 먼저 드러나서 마침내 나처럼 미숙한 작은아들과 큰아들을 받아들일 수 있는 자리에 이르러야 한다는 점이었습니다. 비유에서 얻은 깨달음 덕분에, 언젠가는 수많은 탕자(작은아들, 작은딸)들뿐만 아니라 무수한 큰아들과 큰딸들이 부모-자식의 진정한 정체성이 살아 있는 고향집으로 돌아와서 아버지-어머니 하나님과 더불어 한 상에 둘러앉아 잔치를 즐기게 되리라는 확신이 더 굳어졌습니다. '집'이라는 단어는 그 무엇보다도 내 마음을 강하게 흔들어서 라르쉬의 친구들과 삶을 나누는 길에 들어서게 이끌었습니다.

그렇게 외로움에서 출발하여 라르쉬로 가는 여정을 통해서 내 삶과 그 변화를 예고하는 안팎의 여러 '사건과 사고'들에 관심을 기울이게 됐습니다. '신호'에 주목하는 훈련은 지혜의 날을 세우는 데 아주 유익한 방법으로, 대단히 슬기롭고 거룩했던 조상들로부터 여

제 몫의 암흑과 맞닥뜨려서 스스로 한없이 무기력하다는
사실을 인식하고 상황을 지배하려는 욕구를 포기하며…
자신의 실상이 어떠함을 깨닫고 하나님의 사랑이
절박하게 필요하다고 인식할 때 비로소 치유가 시작된다.

딕 라이언
《가슴에서 흘러나오다》

〈블로에멘달의 풍경〉, 1651, 동판화

러 세대를 거쳐 지금까지 전해 내려오고 있습니다.

### ※ 귀를 기울이십시오

거룩한 생활을 하다보면 저절로 이런 훈련을 하게 됩니다. 생각뿐만 아니라 심령으로 주님의 음성을 들어야겠다는 마음이 생깁니다.

조용한 곳을 찾아서 편안하게 자리를 잡으십시오. 렘브란트의 그림을 감상하십시오. 눈에 보이지 않는 손님이 되어 천천히 그림 속으로 들어가십시오. 구경꾼이 되어 둘러보기에 안성맞춤인 방으로 가서 상황을 지켜보십시오. 눈을 감고 무슨 소리가 들리는지 귀 기울여 들으십시오. 어떤 소음이 들립니까? 무슨 얘기가 오가고 있습니까? 서두르지 말고 천천히 눈앞에 펼쳐진 장면에서 들려오는 내면의 소리에 집중하십시오.

### ※ 일기를 쓰십시오

여전히 그림에 마음을 주는 한편, 노트를 꺼내서 보고 들은 걸 기록하십시오. 여유를 가지십시오. 화폭 한 구석에 서 있는 동안 중심에 오가는 감정들에 초점을 맞추고 주의를 기울이십시오. 등장인물 하나하나가 하는 얘기들이 자신에게 어떤 영향을 주었는지 적으십시오. 거기서 느낀 점과 마음의 반응도 써두십시오.

## ✼ 묵상하십시오

　오직 자신과 하나님께만 열려 있는 마음 속 은밀한 곳으로 들어가십시오. 여러분을 빚으시고 시간이 멈추는 순간까지 함께하시는 분께 그림의 세계를 탐험하면서 경험하고 느낀 점들을 말씀드리십시오. 모든 걸 다 내려놓고 미세하고 잔잔한 사랑의 음성에 귀를 기울이십시오. 다시 말씀드리고 또 기다리며 경청하십시오. 가만히, 그대로 계십시오. 편안히 쉬십시오.

　마음과 마음으로 대화하십시오.

> 알다시피 인간은 저마다 매 순간 끝없는 사랑과 깊은 기쁨을 체험할 수 있는 엄청난 잠재력을 물려받아 내면에 품고 있다.
> ―
> 존 매퀴슨 II
> 《항상 다시 시작한다
> *Always We Begin Again*》

영혼의 순례에 나선 이들을 위한 지혜 훈련

첫 번째

# '신호'를 놓치지 마십시오

돼지를 키우며 절망의 구덩이 밑바닥까지 떨어졌던 탕자는 삶에 변화가 필요하다는 사실을 깨달았습니다. 집으로 돌아간다는 생각만 해도 가슴이 벅찼지만, 곧 수치심과 두려움과 옴짝달싹할 수 없는 무력감이 소망을 밀어냈습니다. 그러나 작은아들에게는 달리 선택의 여지가 없었습니다. '집'을 생각할 때마다 그리움이 아프게 사무쳤습니다. 탕자는 마음의 소리를 무시하지 않았습니다. 떨어지지 않는 발길을 힘들게 돌려서 집으로 돌아가는 여정을 시작한 겁니다.

하버드에서 일하던 마지막 몇 년 동안, 나 역시 대학에서 가르치는 삶이 한계에 부닥쳤음을 깨달았습니다. 그래서 기도하면서 여기저기 조언을 구했고 장차 일어날 일의 실마리가 될 만한 마음의 움직임을 놓치지 않으려고 노력했습니다. 처음에는 얀 리세가, 곧이어

외로움,
서둘러 털어버리지 말지니
더 날카롭게 벼리고
곰삭혀 속속들이 스미게 하라.
인간을 넘어 신성한 존재들이 그러하듯
오늘밤, 내 마음에서 사라진 것들이
내 눈을 더 아련하게
내 목소리를 더 부드럽게
신을 향한 갈망을
한없이 또렷하게 만드나니.
-
샴스 알-딘 하피즈

장 바니에가 내 마음을 흔들었습니다. 결코 우연한 만남이 아니었습니다. 그리고 마음의 소리에 귀를 기울였습니다. 라르쉬로 간다는 건 일단 신나는 일이었습니다. 하지만 강의실을 떠나서 불확실한 세계로 머뭇머뭇 걸어 들어가기란 여전히 조심스럽고, 두렵고, 쉬 엄두가 나지 않는 결정이었습니다.

사는 것처럼 살려면 '내면'에 관심을 가져야 합니다. 만족스럽고 안전하며 제 자리에 있다는 느낌에 민감해져야 하며 외로움, 환멸, 가벼운 우울 증세 같은 감정을 예민하게 포착할 필요가 있습니다. 혼란스러운 상황과 맞닥뜨리면 어떻게 대처하는 편입니까? 지혜로운 스승들은 정신을 바짝 차리고 순간순간을 지켜보라고 권면합니다. 새로운 방향을 모색하며 균형을 되찾고 끝까지 생명을 지킬 길을 제시해줄 만한 '신호'와 느낌, 누군가 스치듯 던진 말 한 마디, 책에서 읽은 짧은 글귀, 생각지 못했던 만남이나 사건 등을 면밀히 관찰하라는 말입니다.

영적인 신호들은 일반적으로 복잡하지 않고 단순하며 지속적이고 사실상 입증하기가 어려워 보이며 언제나 자신뿐만 아니라 다른 이들과 연관성을 갖는 등 네 가지 특성을 보입니다. 영적인 여정에 이런 요소들이 나타나거든 눈여겨보십시오. 문제만이 아니라 그 이면에 감춰진 기회까지 보려고 노력하십시오. 너무 빨리 반응하지 않도록 조심하십시오. 지혜를 주시길 간구하십시오. 두루 조언을 구하고 올바른 방향을 선택했다는 주위의 평가를 받기 전까지 한 걸음도 떼지 마십시오. 여유를 가지고 자유롭게 선택한 뒤에 진로를 바꿔도 늦지 않습니다.

## The Younger Son 2
## 작은 아들

저는 네덜란드 사람입니다. 렘브란트 역시 화란 출신이고 반 고흐도 그렇습니다. 이미 이야기한 것처럼, 이 두 화가는 내 마음 깊은 곳까지 파고들었습니다. 이제는 어느덧 위안을 주는 존재로 자리 잡았습니다. 버거운 삶의 문제들에 부닥쳐 다만 눈물지을 뿐 달리 할 말이 없을 때, 렘브란트나 반 고흐의 작품들을 들여다봅니다. 두 거장의 삶과 예술은 그 무엇보다도 확실하게 상처를 싸매고 다독여줍니다.

렘브란트는 1666년부터 1667년 사이에, 그러니까 인생의 황혼기에 〈탕자의 귀향〉을 그렸습니다. 한창때는 암스테르담에서 화가로 이름을 날렸습니다. 당대의 거물들이 앞 다투어 초상화를 그려달라고 부탁할 정도였습니다. 오만하고 다툼을 즐기는 성격이었지만 당시 사회에서 대단히 부유한 계층에 속했던 것만큼은 분명합니다. 그러나 렘브란트의 인생은 차츰 내리막길을 내달리기 시작합니다.

> 모름지기 예술가라면 상실을 딛고 살아남는 법을 배워야 한다. 소망의 상실, 체면의 상실, 재물의 상실, 자신감의 상실을 이겨낼 줄 알아야 한다. … 예술가의 상실은 이점과 강점으로 바뀔 수 있다. 그러나 머리가 겹겹이 상실에 포위되어 고립 상태에 빠지면 방법이 없다. … 그러니 반드시 상황을 파악하고 서로 공유해야 한다.
> ─ 줄리아 캐머런
> 《아티스트 웨이 The Artist's Way》

먼저 아들을 잃었습니다.

이어서 큰딸이 세상을 떠났습니다.

곧 작은딸도 목숨을 잃었습니다.

이번에는 아내가 숨을 거두었습니다.

그 후 함께 살던 여성은 정신병원에 갇혔습니다.

다시 결혼했지만 두 번째 아내 역시 먼저 떠나버렸습니다.

재물과 명성을 모두 잃었습니다.

세상과 작별할 날을 얼마 앞두고 아들, 티투스마저 앞세웠습니다.

〈탕자의 귀향〉을 그린 이 화가는 평생에 걸쳐 이루 말할 수 없을 만큼 거대한 외로움을 경험한 사나이였습니다. 어마어마한 상실을 온몸으로 살아내는 한편, 잇달아 세상을 떠나는 가족들과 함께 조금씩 죽어갔습니다. 쓰라린 상처와 분노, 원한에 찬 삶을 산다 해도 이

〈자화상〉, 1669, 유화

상할 게 없는 처지였습니다. 하지만 그 덕에 렘브란트는 시간과 공간을 가로질러 인류와 가장 친숙한 작품, 〈탕자의 귀향〉을 그려낼 수 있는 인물이 되었습니다. 그건 젊고 잘 나가던 시절에 만들 수 있는 작품이 아니었습니다. 한 아이를 제외한 모든 자식과 두 아내에서부터 전 재산과 명예와 인기에 이르기까지 모든 걸 다 잃어버린 뒤에야 눈 먼 아버지의 따듯한 모습을 정확하게 표현해낼 수 있었습니다. 비극이란 비극을 다 겪고 나서 비로소 〈탕자의 귀향〉을 그릴 힘이 생겼으며, 하나님 사랑의 실체를 꿰뚫어볼 수 있는 내면의 화실에서 그 걸작을 완성했습니다.

어찌됐든, 상실과 고통은 렘브란트의 마음을 비워서 하나님의 사랑을 온전히, 그리고 깊이 받아들이게 해주었습니다. 빈센트 반 고흐는 이 작품을 보고 중얼거렸습니다. "수없이 죽음을 맛보지 않았더라면, 결코 이런 그림을 그리지 못했을 거야." 스스로 죽고 또 죽은 끝에 하나님의 사랑으로 돌아간다는 게 무얼 의미하는지 깨달았습니다. 덕분에 이 거장은 위대한 작품을 그려낼 수 있었습니다.

렘브란트의 삶을 따라가노라면 그 인격과 예술이 변해가는 과정이 한눈에 보입니다. 참으로 감동적인 여정이지만 정작 중요한 건 저마다 자신의 이야기를 곱씹으며 삶을 진지하게 받아들이는 자세입니다.

개인적으로는 "러시아에 가려고 하는데, 함께 갈래?"라고 묻는 친구의 전화를 받고서야 내가 렘브란트의 탕자 그림을 얼마나 중요하게 생각하는지 실감했습니다. 1986년, 라르쉬 데이브레이크 공동체의 담임 목회자로 부임하기 직전의 일이었습니다. 미처 생각할 틈도 없이 입에서 "와, 정말 신난다!" 소리가 터져 나왔습니다. 모스크바나 크렘린궁전 때문이 아니었습니다. 부끄러운 얘기지만 러시아 사람, 러시아 문화, 러시아 상품, 러시아의 성상들은 떠오르지도 않았습니다. 오직 렘브란트를 만날 궁리뿐이었습니다. 〈탕자의 귀향〉이 레닌그라드 에르미타주 미술관에 있다는 걸 알고 있었기 때문입니다. 실물을 너무나도 보고 싶었습니다.

그렇게 해서 러시아 땅을 밟았고 곡절 끝에 드디어 에르미타주 미술관 복원 담당자와 끈이 닿았습니다. 얼굴을 대하자마자 속사포처럼 말했습니다. "〈탕자의 귀향〉을 보고 싶습니다. 그게 전부입니다. 관광객들 틈에 끼어 스치듯 지나가며 구경하긴 싫습니다. 그림 바로 앞에 앉아서 싫증이 날 때까지 감상할 수 있으면 좋겠습니다. 그 밖에는 아무것도 바라지 않습니다." 담당자는 친절하게도 원하는 작품 앞으로 곧장 안내해서 그 앞에 앉혀주었습니다. 미술관 한쪽 벽을 완전히 덮고 있는 높이 2.5미터짜리 대작이었습니다. 바로 앞에는 벨벳 의자 3개가 나란히 놓여 있었습니다. 거기 앉아서 실컷 그림 구경을 했습니다. 수많은 관람객들이 밀려와서 잠시 머물다가 다시 흘러갔지만, 전혀 개의치 않고 찬찬히 뜯어보고 필요한 내용을 노트에 적어나갔습니다.

오후 2시쯤 볕이 들면서 그림이 번들거리기에 의자를 움직여서 각도를 바꿨습니다. 막 자리에 앉으려는데, 경비원이 다가와서 명령하듯 무언가를 요구했습니다. 러시아 말이어서 정확하게는 알 수 없었지만 "의자를 제자리에 돌려놓으시오!"라고 말하는 것 같았습니다. 아니나 다를까, 손수 의자를 끌어다가 본래 모습대로 바꿔놓았습니다. 입술을 쑥 내밀고 창문을 가리키며 말했습니다. "그럼 아무것도 볼 수 없잖아요. 그림이 번들거리는 게 보이지 않나요? 난 이쪽에 앉아야겠어요." 경비원은 고개를 가로젓더니 다시 한 번 엄숙하게 선언했습니다. "안 돼요. 의자는 건드리지 마세요!" 낙심천만이었습니다. "말하면 뭐해, 입만 아프지"라고 중얼거리며 마룻바닥에 주저앉았습니다. 그런데 경비직원의 눈에는 그런 행동이 아까 의자를 옮겼던 것보다 더 심각한 죄로 보였던 모양입니다. 당장 달려오더니 바닥에 쪼그리고 앉은 나를 내려다보며 말했습니다. "마룻바닥은

> 인생은 끝이 아니라 시작이다. 그러므로 개방적이며 자연스럽고 기뻐하는 태도를 지녀야 한다. '아는 게 없다는 사실을 잘 아는' 마음가짐이 중요하다. 마음 안에 빈자리가 있어야 한다. 여전히 놀랄 수 있고 서슴없이 의심할 수 있는 여지가 필요하다.
>
> ─ 크리스틴 L. 웨버
> 《파인딩 스톤 The Finding Stone》

에르미타주 미술관 : 상트페테르부르크에 있는 미술관으로 영국의 대영박물관, 프랑스의 루브르박물관과 더불어 세계 3대 박물관에 꼽힌다.

안 돼요!" 그러곤 난방기를 손가락질하며 명령했습니다. "저기라면 모를까!" 할 수 없이 일어나서 라디에이터에 엉덩이를 걸쳤습니다.

곧이어 단체 관람객이 밀려들었습니다. 여행 가이드는 엉거주춤 앉아 있는 나를 보고 기겁을 하더니 황급히 달려와 말했습니다. "라디에이터에 앉으면 안 되죠!" 그러자 이번에는 경비원이 펄쩍 뛰며 안내원에게 소리쳤습니다. "내가 거기 앉으라고 허락했어요!"라고 말하는 게 분명했습니다. 둘이 언성을 높이고 있던 참에 다행히도 미술관의 전반적인 복원 업무를 맡고 있는 알렉세이 씨가 나타났습니다. 내가 어찌하고 있는지 살피러 온 겁니다. 이러지도 저러지도 못하고 쩔쩔매고 있는 걸 보자 경비원과 안내원 사이에 끼어들어서 다툼을 말렸습니다. 그러곤 정작 내게는 한 마디 말도 없이 밖으로 사라져버렸습니다. 그 뒤를 따라서 가이드와 단체 관람객도 방을 빠져나갔습니다. 그리고 한 십 분쯤 지났을까? 이번에는 벨벳 의자 하나를 들고 들어와서는 내 앞에 내려놓으며 말했습니다. "이건 신부님 전용입니다. 어디든 원하는 데 두고 쓰십시오."

사흘 동안 하루도 거르지 않고 두세 시간씩 가만히 앉아서 그림을 뜯어보고, 연구하고, 묵상하고, 마음에 짚이는 생각을 기록하며 보냈습니다. 보면 볼수록 더 깊이 비유 속으로 빠져 들어갔으며, 복음서의 이야기와 내 삶을 연결 짓기 시작했습니다. 돌아선다는 말의 속뜻을 알 것 같았습니다. 거룩한 창조주의 모태로 돌아간다는 말이었습니다.

생명력의 원천은 아버지만이 아니었습니다. 내가 본 하나님은 어머니이기도 했습니다. 예수님은 어린아이처럼 되어야 하나님나라에 들어갈 수 있다고 가르치셨는데, 그건 어머니 하나님의 자궁으로 되돌아가야 한다는 사실을 일깨워주는 말씀이었습니다. 얼마나 자발적으로 창조주 하나님의 모태로 다시 들어가며, 거기서 참다운 '집'을 찾아내느냐에 따라 내 미래가 완전히 달라지겠구나 싶었습니다. 라르쉬 데이브레이크 식구들의 도움을 받아서 육신과 영혼의 집으로 돌아가기로 한 게 올바른 결정이었음을 확인해주는 반가운 깨달음이었습니다.

> 모든 인간은 본능적으로 완강히 은혜에 저항한다. 은혜는 변화를 일으키고 변화는 의당 고통을 수반하기 때문이다.
>
> ― 플래너리 오코너
> 《습관 The Habit of Being》

러시아에서 돌아오자마자, 새 집으로 선택한 라르쉬 데이브레이크로 가서 목회생활을 시작했습니다. 첫 해에는 나를 지으시고 이해할 수 없으리만치 큰 사랑을 베푸시는 분 안에서 인생의 구심점과 집을 찾는 데 영적 생활의 초점을 맞추기로 단단히 마음먹었습니다. 그리고 비유와 그림의 궤적을 좇아가며 삶을 성찰하기 시작했습니다.

집안의 맏아들이면서도 내 안에는 여전히 그림 속 작은아들의 모습이 여실했습니다. 선한 것들로부터 벗어나려고 안달하는, 다시 말해서 집에서 도망치려고 이제나 저제나 틈을 노리는 기질이 늘 마음 한구석에 숨어 있었습니다. 원만한 가정에서 태어나서 나무랄 데 없는 아버지 어머니의 보살핌을 받으며 컸지만, 제멋대로 살아보려고 발버둥치는 십대 소년의 치기가 고스란히 남아 있었던 겁니다. "집을 나가서 내키는 대로 지내보고 싶어. 이래라 저래라 하는 소리 좀 안 들었으면 좋겠어. 두고 봐. 언젠가는 내 몫을 챙겨서 달아나고 말테니!"

이렇게 스스로 답을 찾고, 문제들을 해결하며, 진리를 발견하려는 사춘기 소년식의 마음가짐은 전혀 이상할 게 없습니다. 그러므로 제 힘으로 해답을 뒤져보기도 전에 정답을 알려주려 했다가는 신경을 건드릴 수밖에 없습니다. 아버지 어머니 풍의 목소리들은 말합니다. "이렇게 하는 게 좋아. 이런 식으로 관계를 맺어야 해. 예배는 이렇게 드리는 거야. 이건 이렇게 하고 저건 저렇게 해라. 다 너를 위해 하는 소리야." 제발, 이제 그만!

부모님의 잔소리 없이 내 식대로 살면 좋겠습니다.

이편에서 묻기도 전에 답을 주려고 다가오는 건 사절하겠습니다.

정말 마음이 내킬 때까지는 신앙을 갖고 싶지 않습니다.

참으로 역설적인 상황이다. 인간에게는 상충되는 욕구가 있다.
한편으로는 자신보다 더 큰 무언가에 소속되고 틀에 맞춰가며
그 일부가 되려 하고, 다른 한편으로는 내면 깊숙이 숨어 있는 자아를 일으켜
세워서 최소한 얼마 동안이라도 괴로움을 감수해가며 익숙하고
편안한 상황을 뒤로 한 채 홀로 걷고 싶어 한다. 남들과 비슷한 점이 많다는
사실을 깨닫는 건 집단 속에 있을 때이다. 반면에 하나님과
인격적인 관계를 맺는 건 개개인의 몫이다.
인간이 가진 이 두 가지 상대적인 충동 사이에서
균형을 잡는 절충점을 꼭 찾아야 한다.

-

장 바니에
《인간되기 Becoming Human》

잘잘못을 가리는 법을 스스로 배우길 원합니다.

일찌감치 이게 옳고 저게 그르다고 가르쳐주는 건 싫습니다.

미리 입장을 정해두고 답을 제시하는 것도 불편합니다.

내면에서 수긍할 수 없는데 어떻게 자기 것이 되겠습니까? 기왕에 살던 데가 아니고서는 달리 선택의 여지가 없어서 마지못해 찾아가는 집이라면 어떻게 고마운 생각이 들겠습니까? 툴툴거리는 소리가 귀에 들리는 것만 같습니다. "삶 자체가 의문투성이라는 걸 모르세요? 진심으로 '맞아!'라고 말할 수 있는 나만의 진리를 원하는 게 안 보이세요? 기성품은 다 싫어요. 나만의 집을 짓고 싶어요. 내가 누군지조차 모르는 사람들이 만든 조립식 주택을 짓고 싶진 않아요."

심리학을 공부한 덕분에 문제의 핵심을 비교적 정확하게 알 수 있을 것 같습니다. 이건 자아 발견과 자아 표현에 관한 이야기입니다. 십대 아이들은 상실의 위험을 마다하지 않으므로 부모들로서는 당연히 겁이 나게 마련입니다. 아버지 어머니들은 무엇이 옳은지 잘 압니다. 무얼 먹어야 몸에 유익한지 압니다. 어떤 식으로 말하는 게 좋은지 압니다. 어떻게 걸어야 하는지 압니다. 무얼 해야 하고 하지 말아야 하는지 압니다. 어김없는 사실입니다. 세상을 더 오래 산만큼 더 많이 압니다. 그러기에 부모들이 염려하는 건 자연스럽고 정

〈거룩한 가족〉, 1632, 동판화

상적입니다. 그러나 그 순간, 마음속 목소리는 다른 말을 합니다. "집어 치워! 그만하면 됐어! 이건 내 인생이야! 남의 것이 아니라고. 날 좀 내버려둬!" 그리고 이런 감정 역시 자연스럽고 정상적입니다.

저는 전통적인 가톨릭 가정에서 태어나고 성장했습니다. 집안에서는 모든 게 유리처럼 명료했습니다. 불투명한 구석이라고는 하나도 없었습니다. 알아야 할 일들은 모두 배웠습니다. 어떻게 교제해야 하는지, 어떻게 낯선 사람들을 대해야 하는지, 어떻게 기도하고 예배해야 하는지, 어떻게 공부해야 하는지 일일이 가르침을 받았습니다. 지금도 생생히 기억하지만, 한때는 신앙이 없는 이들을 한없이 부러워했습니다. 원하는 건 뭐든지 다 하고 심지어 거기에 대해 죄책감조차 느끼지 않았습니다. 제가 할 수 있는 일이라곤 기껏해야 불평하는 것뿐이었습니다. "제길, 이래라 저래라 죄다 정해져 있으니 뭐 하나 자유로운 게 없어! 저기는 갈 수 없고 여기는 가야 하고, 이런 식으로 행동하는 건 괜찮지만 저렇게 하는 건 안 된다는 식이지!" 이것저것 전혀 신경 쓰지 않는 이들도 보았습니다. 몸으로든 마음으로든, 자신에게든 남에게든 내키는 대로 행동하는데다가 무한정 자유로워 보이기까지 했습니다. 얼마나 샘이 나던지! 이교도가 돼서 거침없이 살면서 조금도 죄의식을 느끼지 않았으면 좋겠다

나는 내가 하는 일을 도무지 알 수가 없습니다.
내가 해야겠다고 생각하는 일은 하지 않고, 도리어 해서는 안 되겠다고
생각하는 일을 하고 있으니 말입니다. 그런 일을 하면서도
그것을 해서는 안 되겠다고 생각하는 것은, 곧 율법이 선하다는
사실에 동의하는 것입니다. 그렇다면, 그와 같은 일을 하는 것은 내가 아니라,
내 속에 자리를 잡고 있는 죄입니다. 나는 내 속에, 곧 내 육신 속에 선한 것이
깃들어 있지 않다는 것을 압니다. 선을 행하려는 의지는 나에게 있으나,
그것을 실행하지 않으니 말입니다.

—

로마서 7장 15-18절

고 생각했습니다.

하지만 그럴 수는 없었습니다. 올바로 교육시켜주고, 좋은 친구들을 사귀도록 이끌어주고, 건강한 몸을 가꾸게 해주고, 착하고 진실한 가정을 세워준 아버지와 어머니에게 깊이 감사합니다. 하지만 무언가 잘못을 저지를 때마다 어김없이 죄책감에 짓눌리곤 했습니다. 그러고 싶지 않았지만, 두 어른이 옳고 그름을 지나치리만치 엄격하게 가리며 자식을 키운 탓에 무슨 일을 하든 늘 조심스럽고 눈치를 살펴야 했으며 불쾌한 감정까지 따라다녔습니다. 한번은 얼마나 답답하던지 속으로 부르짖었습니다.

"좋아, 크리스천이 되긴 할 거야. 하지만 먼저 해서는 안 될 일들을 깡그리 해치운 다음에 회개하고 싶어. 좋아! 미심쩍은 부분들이 생길 수도 있겠지만 스스로 그 답을 찾았으면 좋겠어. 누군가 무엇이 옳고 그른지 가르쳐주는 건 싫어. 지금 내게 필요한 건 집을 떠나서, 여기저기 여행하며 마음대로 행동하는 거야. 그러니까 내 일은 내게 맡겨줘. 좀 내버려두라고. 알아야 할 게 있다면 내 힘으로 발견할 수 있을 거라고 믿어줘. 어째서 아주 어려서부터 나를 꼬마 목회자 취급을 하는 거냐고!"

하고 싶은 대로 하고 가고 싶은 데로 가고, 아버지와 어머니가 바르고 온당하다고 믿는 것과 다소 차이가 나는 행동을 하고 싶은 욕

〈둑에 앉은 거지〉, 1630, 동판화

구가 얼마나 자연스러운 것인지 두 어른이 알아주길 진심으로 바랐습니다.

  십대 시절, 탈선 행각을 벌일 때마다 죄책감과 두려움이 양심을 짓눌렀습니다. 어떻게 해야 최대한 빨리 정상 궤도에 재진입할 수 있을지 그저 막막하기만 했습니다. 나름대로 서둘러서 집 쪽으로 돌아서기는 했지만, 정말 누가 잡아당기기라도 하는 듯 걸음은 계속 더뎌졌습니다. '난 창조주의 사랑스러운 자녀이고, 지금 내 집으로 돌아가는 길이지. 하지만 나를 지으신 분은 화가 잔뜩 나서 다시는 날 보고 싶어 하지 않을지도 몰라.' 잘 키워줬건만 변호사가 되거나 괜찮은 직업을 갖지 않는다고 고함치며 꾸짖는 아버지의 모습이 떠올랐습니다. 꼴도 보기 싫으니 당장 나가라는 소리가 들리는 것만 같았습니다. 급기야 할 말을 준비하기 시작합니다. "맞아요, 전 형편없는 녀석이에요. 밥이나 한 술 얻어먹게 해주시면 더 바랄 게 없겠어요. 그만한 값어치밖에 없는 놈이니까요." 실패자의 자리에 서서 하나님의 반응을 예상하는 옛 패턴으로 다시 복귀합니다. 집으로 돌아갈 때마다 번번이 그런 경험을 합니다.

> 괴로움이 하도 커서 하루하루 혼란과 절망 속에 살고 있습니다. 우둔하고 고집스러운 탓에 온몸에 병이 생겼습니다. 너무도 무식해서 어둠 속을 뒹굴며 길을 찾아 이리저리 헤매지만 보람이 없습니다.
>
> \- 난 C. 메릴
> 《기도를 위한 시편》

이 책을 읽는 여러분은 주저하며 발걸음을 내딛는 제 심정을 알고도 남을 겁니다. 자아정체감이 확실해서 자신이 누군지 잘 알고 있다고 생각합니까? 하지만 그처럼 불안해하는 걸 보면 정말 그런지 의심스럽습니다. 여러분도 인정이나 애정, 혹은 성공을 좇고 있습니까? 어쩌면 무얼 추구하는지조차 정확하게 파악하지 못하고 있을지도 모르지만 정체를 알 수 없는 불안감이 참다운 자유를 누리지 못하도록 가로막고 있는 것만큼은 분명합니다. 또는 왠지 모르게 두려워서 여러분을 '모태에서 만드신' 분의 무조건적인 사랑을 향해 마음을 열지 못할 수도 있습니다. 어째서 삶이 늘 분주하고 평안할 때가 없는지, 그저 존재하는 데 만족하지 못하고 이리저리 뛰어다니며 쉴 새 없이 불평을 늘어놓는지 스스로 묻고 있을지도 모릅니다.

크리스천들이 타인에게 폭력적이 되는 까닭을 해석하는 정신분석 이론이 있습니다. 크리스천들은 스스로 신앙을 선택하거나 경험하거나 통합해본 적이 없는 탓에 마치 화가 난 것과 같은 상태에 이른다는 설명입니다. 다시 말해서, 체험이 아니라 학습을 통해 갖게 된 결론이기에 신앙을 거절하기 힘든 짐처럼 받아들이는 겁니다.

성경에 나오는 탕자의 비유는 유산을 미리 챙겨 집을 나간 작은아들이 여자와 게임, 노름에 빠져 전 재산을 탕진했다고 이야기합니다. 젊은이는 사사건건 가르치는 목소리가 들리지 않는 머나먼 나라에 가서 인생의 쾌락을 모조리 시험해보려고 합니다.

아마 작은아들은 마음속으로 이렇게 중얼거렸을 겁니다. "도대체 무슨 짓을 하고 있는 거지? 이건 현명한 처사가 아니야. 사실, 말도 안 되는 짓이지." 결국 가진 걸 다 잃어버린 청년은 자신이 얼마나 어리석었는지 깨달았습니다. 하지만 진정 중요한 걸 얻기 위해서 반드시 겪어야 했던 일은 아니었을까요? 거짓 자아와 참 자아에 대해 공부하는 과정으로 볼 수는 없었을까요?

아마도 누구에게나 탕자의 모습을 드러내는 순간들이 있을 겁니다. 어쩌면 부모나 교사, 친구들이 하는 얘기가 어김없는 진실임을 알면서도 '멍청하고 어리석은 소리'로 치부하며 "무슨 말을 해도 괜찮지만 지금은 내 힘으로 길을 찾아볼 거야"라는 말로 합리화했던 기억을 가지고 있을 겁니다.

비유 속 젊은이는 집을 뛰쳐나온 뒤에 모든 걸 다 잃어버렸지만 아직 남아 있는 게 하나 있었습니다. 여전히 한 가정의 식구라는 점이었습니다. 한 집안에 소속되어 있다는 사실만큼은 변하지 않았습니다. 삶과 자신에 대한 환멸이라는 고통스러운 과정을 통과해서 그럼에도 불구

> 거리를 냅다 달려가는 남자를 본 랍비 레비가 물었다. "왜 그렇게 정신없이 뛰는 거요?" 그가 대답했다. "행운을 잡으려고요!" 랍비가 말했다. "어리석은 양반아, 행운이 뒤에서 쫓아오고 있는데 자네가 너무 빨리 달리는 바람에 미치지 못하고 있는 걸세!"
> 
> ─ 웨인 멀러
> 《휴-Sabbath》

하고 절대로 달라지지 않는 진실이 존재한다는 깨달음에 이를 때, 비로소 탕자의 귀향은 시작되었습니다. '맞아, 난 지금도 아버지와 어머니의 자식이야. 집안의 식구이기도 하고. 내겐 집이 있어. 나를 잘 아는 이들이 거기 모여 살고 있지.' 그러나 이런 생각 이면에는 혼란과 죄의식과 부끄러움의 거대한 짐 보따리가 자리 잡고 있습니다. 말할 수 없이 어리석은 짓을 했으며 결국 밑바닥 신세가 됐다는 걸 누구보다 자신이 잘 알고 있기 때문입니다. 탕자에게는 선택할 수 있는 길이 많지 않았습니다. 그대로 절망에 빠져 살든지, 손을 내밀어 잃어버렸던 진실을 되찾던지 둘 중 하나입니다. 간절하고 절박한 심정으로 탕자는 돌이키는 쪽을 선택하고 귀향길에 오릅니다. "아버지의 집으로 돌아가자!"

하지만 곧바로 정확한 진상을 파악하지는 못했습니다. "집으로 가야겠다!"고 했지만, "부모님이 예전처럼 뛸 듯이 기뻐하며 팔 벌려 안아주실 거야!"라는 얘기는 아니었습니다. 실은, 그 근처에도 가지 못했습니다. 탕자는 꿍얼거렸습니다. "내 집, 내 가족이 있는 고향으로 돌아가야지. 거기서는 일꾼들도 지금 나보다 더 배불리 먹을 수 있거든. 도착하거든 아버지께 '죽을죄를 지었습니다. 일꾼 부리듯 저를 대해주십시오'라고 말씀드려야겠어." 여전히 집이 있으며 돌아가야 한다는 진실을 깨달았지만, 한편으로는 죄책감에 눈멀고 헷갈려서 완전한 자유를 누리지 못했습니다. 진리를 알았지만 돌이키고 돌아가는 수준에 그치고 말았습니다.

예수님은 세례를 통해서 아버지와 친밀하게 연결되셨습니다. 하나님은 "너는 내 사랑하는 아들이라. 내가 너를 기뻐하노라"라고 말씀하시며 주님의 신분을 확인해주셨습니다. 이러한 원초적인 진실을 알고 있었기에, 주님은 용납과 거절이 공존하는 세계에서 자신을 세상에 보내신 분과 긴밀한 관계를 놓치지 않고 주어진 삶을 살며 죽음을 받아들일 수 있었습니다. 관계의 실상을 꿰뚫어보셨으므로 사람들이 더불어 있고 싶어 하든, 말씀을 귀 기울여 듣든, 왕으로 삼으려 하든, 배척하고 거부하든, 때리든, 침을 뱉든, 십자가에 못 박든 흔들리지 않고 하나님의 아들이라는 신분을 시종일관 기억하셨습니다.

베드로와 유다의 사연에서도 똑같은 연결과 단절이 나타납니다. 둘 다 예수님의 벗이 되는 특권을 받았으며 그것이 두 사람의 정체성이 되었습니다. 주님의 선택을 받았으며 스스로 그 사실을 잘 알고 있었습니다. 하지만 두 제자 모두 부인과 배신을 통해 진리를 떠났습니다. 그런데 그걸 자각하는 순간, 베드로는 그리스도의 친구라는 정체성을 되찾고 대성통곡했습니다. 반면 유다는 노골적이고 악의적으로 죄를 지어본 적이 없는 이들 틈에 낄 수 없다고 판단하자아, 사랑하는 임의 목소리!
저기 오는구나. 산을 넘고 언덕을 넘어서 달려오는구나.
사랑하는 나의 임은 노루처럼, 어린 사슴처럼 빠르구나.

벌써 우리 집 담 밖에 서서
창틈으로 기웃거리며
창살 틈으로 엿보는구나.

아, 사랑하는 이가 나에게 속삭이네.
나의 사랑 그대, 일어나오.
나의 어여쁜 그대, 어서 나오오.
겨울은 지나고, 비도 그치고, 비구름도 걷혔소.
-
아가 2장 8-11절

죽고 싶은 마음이 들었습니다. 결국 엄청난 유산을 포기한 채 목을 매고 말았습니다.

 식구가 되고 집을 나가고 다시 돌아오는 게 영적으로 무얼 의미하는지 여러분도, 나도 잘 알고 있습니다. 작은아들이 그랬던 것처럼 감정보다 행동을 앞세우며, 사랑이 기다리고 있음을 신뢰하고, 불안해하면서도 기어코 돌아가는 법을 배울 필요가 있습니다. 탕자의 비유에 드러난 하나님의 성품을 알고 나면 그렇게 하기가 한결 수월해집니다. 이 글을 쓰기 전까지는, 아버지가 '돌아온 자식' 뿐만 아니라 '집에서 달아난 아들' 까지 끌어안고 있다는 걸 전혀 눈치 채지 못했습니다. 그걸 깨닫는 순간 눈이 번쩍 뜨이면서 두 가지 질문이 잇달아 튀어나왔습니다.

 "집을 나가던 순간에도 그 자리에 계셨다는 뜻입니까?"

 "지금이라도 집에 돌아가면 여전히 거기서 나를 기다리고 계신다는 말입니까?"

 어쩌면 떠나고 돌아오는 건 하나의 과정일지 모릅니다. 특히 사랑이 넘치는 아버지의 마음으로는 더욱 그러할 겁니다. 여기에는 "가지 마라!"고 말리는 부모가 없습니다. 그런 말은 이 이야기의 취지에 부합되지 않습니다. 비유가 전달하려는 메시지는 다릅니다. 탕자의 아버지는 이렇게 말하는 것 같습니다. "그래, 아들아, 가거라. 아마 상처를 입을 테고 사는 게 힘들어지고 고통을 겪게 될 것이다. 심지어 목숨을 잃게 될지도 모른다. 그래도 위험을 감수하려는 걸 미리 막지는 않겠다. 다만, 돌아올 때까지 여기서 너를 기다리마. 또 네가 떠나는 순간에도 난 여기에 있겠다. 그렇다. 우리는 하나이고 그 무엇도 우리를 나눠놓을 수 없단다." 사랑이 많으신 하나님의 이런 모습이야말로 무엇보다 확실한 생명선입니다. 적어도 내게는 그렇습니다.

속으로 생각할 때가 있습니다. 어딘가에 자비로운 분의 사랑이 있다 굳게 믿고 가끔씩 가출의 모험을 감행하는 것도 괜찮겠다고 말입니다. 탕자가 그랬던 것처럼 누구에게나 잠시 뛰쳐나가고 싶을 때가 있는 법이 아닐까요? 우리들 한 사람 한 사람이 끊임없이 들락거리는 아들딸로서 생명을 주시는 분께 사랑을 받습니다. 자신이 걷고 있는 여정을 면밀히 관찰할수록 매일, 아니 매시간 떠나고 돌아오길 되풀이한다는 사실을 절감하게 됩니다. 생각은 시시때때로 곁길로 새나가지만 결국 제 자리로 돌아옵니다. 마음은 애정을 찾아 떠났다가 상처투성이가 되어 돌아옵니다. 몸은 욕망을 좇아 뛰쳐나가지만 머지않아 갔던 길을 되짚어 돌아옵니다. 떠나고 돌아오는 건 삶의 단막극이 아니라 계속 이어지는 연속극입니다.

비유, 그리고 그 그림과 만나고 더불어 살아가면서 수많은 작은아

주님, 나를 가르치셔서
옴짝달싹하지 못하는 연약하고 부족한 모습을,
주님으로부터 떨어져 나와서
중심에 계신 주님의 생명을 의식하지 못하는
사랑이 사라진 내 마음의 실체를 보게 해주십시오.
늘 두려움과 어울려 다니며
무지의 집에 기거하지만
사랑으로 세상에 태어났으므로
사랑만이 나의 타고난 권리입니다.
-
난 C. 메릴
《기도를 위한 시편》

들에게 연민을 품게 되었으며 집을 떠나고 돌아올 권리를 마음껏 행사하라고 초청하고 싶어졌습니다. 우리는 너나없이 창조주의 사랑하는 자녀들입니다. 영원하고도 끝이 없는 사랑의 품에 안전하게 안겨 있습니다. 그러나 영적으로 성장하면서 차츰 본성을 좇아 살게 되는 건 지극히 정상적인 일입니다. "그렇습니다. 제멋대로 욕심껏 살려고 가출을 감행할 때조차도 주님은 사랑하셨습니다. 실수를 해도 사랑을 베풀어주셨습니다. 못된 짓을 저질렀지만, 당시로서는 그럴 수밖에 없었습니다. 사람들에게 상처를 받았고 억울하게 고통을 당했습니다. 하지만 무슨 일이 생기기도 전에 사랑해주셨습니다."

> 영성 훈련이란 … 삶의 안팎에 여백을 만들어내고자 혼신의 노력을 기울이는 걸 말한다. … 영성 훈련은 우리로 하여금 자유롭게 기도하고 더 잘 아뢰게 하며 우리 안에서 하나님의 영이 친히 간구하게 한다.
> 
> -
> 헨리 나우웬
> 《모든 것을 새롭게
> *Making All Things New*》

그러므로 사랑을 주신 그분 이상으로 지나치게 자신을 심판하지 않는 게 중요합니다.

집을 떠나는 순간 그 자리에 사랑이 있었다는 사실을 부정하면, 고향으로 돌아오는 길 역시 죄책감의 지배를 받을 수밖에 없습니다. "언젠가는 꼭 실패해서 반드시 내게 손을 벌릴 줄 알고 있었다"고 질책하시는 무서운 하나님을 연상하게 되기 때문입니다. 그건 탕자의 비유에 나타난 위대한 창조주의 모습이 아닙니다. 주님은 제 힘으로 무얼 해보려다 쓰러진 자식을 비웃지 않으십니다.

성경은 죄책감과 부끄러움에 사로잡힌 채 잘못을 고백하는 걸 귀향의 조건으로 내걸지 않습니다. 비유가 설명하는 하나님은 인격적이며, 친밀하고, 사랑이 넘치는 분입니다. 한없는 관용과 용서를 베푸셔서 안타깝게 떠나보내셨다가 돌아오기만 하면 반가이 집안으로 맞아들입니다. 하나님의 이런 모습을 살펴보는 작업은 이성적으로 옳고 그름을 가리는 것과는 차원이 다릅니다. 마음의 빗장을 풀어헤쳐서 서서히 두려움을 떨쳐버리고, 신뢰를 회복하며, 자식의 가출은 물론이고 되돌아와 잔치를 벌일 날을 고대하는 기다림까지를 모두 축복하는 아버지의 사랑이 스며들 여지를 마련하는 과정입니다.

## ※ 귀를 기울이십시오

조용히 마음의 문을 열고 전혀 새로운 각도에서 이야기에 귀를 기울이십시오. 이번에는 '자세'를 기준으로 탕자의 비유에 접근하십시오. 주인공들의 위치가 무엇을 암시하는지 살펴보십시오. 준비를 단단히 하십시오. 깜짝 놀랄 일이 생길지도 모릅니다.

그림에 등장하는 주요 인물들을 면밀하게 관찰하면서, 화가는 주인공들의 어떤 면을 부각시킬 의도로 그 순간을 포착해서 그런 방식으로 그려냈을지 추정해보십시오. 예수님이 비유를 통해서 어떤 가르침을 전달하고 싶어 하셨을지 곰곰이 생각해보십시오. 주인공들한 걸음 물러나서 나를 통해 창조적인 힘이 움직이게 만드는 법을 배웠다.
나는 그저 들리는 대로 종이 위에 옮기고 써내려갈 따름이다.
그렇게 되면 글쓰기는 핵무기를 발명해내는 쪽보다는 엿듣기에 가까워진다.
… 감상에 젖을 필요가 없다. 영감이 작용하고 있는지 알아보기 위해
감정의 온도계를 들이댈 까닭이 없다. 타협이 파고들 여지도 없다.
선? 악? 어느 편에도 관심 없다. 그냥 쓸 뿐이다.
남의 시선을 의식하는 작가의 자리에서 물러나 자유롭게 쓴다.

-

리아 캐머런
《아티스트 웨이》

이 여러분 각자에게 주는 의미를 읽어내십시오.

### ❈ 일기를 쓰십시오

다시 펜과 노트를 준비하고 자리를 잡으십시오. 비유와 그림에 묘사된 작은아들의 모습을 여러분의 말로 다시 정리하십시오. 작은아들의 자세는 어떤 마음가짐을 드러냅니까? 탕자의 안팎을 가늠해보고 공감할 수 있는 부분을 찾아보십시오. 다소 고통스러울지라도, 저마다 집을 떠나고 돌아오는 문제와 관련해서 생각나는 일들을 적으십시오. 경험과 감정을 있는 그대로 포착하려고 노력하십시오. 완벽하지 않아도 좋습니다. 중요한 문제들을 붙들고 깊이 생각하고 그 내용을 기록하십시오. 하나님의 아들딸로서 작은아들의 어떤 점이 마음을 움직입니까?

> 입을 다물고 말하지 않겠습니다. 자신을 잊음으로써 자신을 구원하게 도우소서. 무슨 일을 하고 무슨 생각을 하든지, 무한한 분의 자녀라는 사실을 확실히 인식하게 인도하소서.
>
> ─ 존 매퀸 II
> 《항상 다시 시작한다》

### ❈ 묵상하십시오

찢어지는 아픔을 감수하면서까지 자식에게 떠날 자유를 허락하시고 축복을 거둬가지 않으시는 하나님을 생각할 때 어떤 느낌이 듭니까? 소리 내어 표현해보십시오. 아직 집에서 멀리 떨어진 곳에 있다면, 마음에 떠오르는 생각을 입으로 고백하십시오.

한없이 반가운 마음으로 활짝 벌려 안아주시던 두 팔, 그리고 무조건적인 사랑을 담아 등을 어루만지던 손길이 기억납니까? 그렇다면 감사하십시오. 여러분은 다시 한 번 안전하게 집에 들어섰습니다.

마음에서 마음으로 대화하십시오.

영혼의 순례에 나선 이들을 위한 지혜 훈련

두 번 째
―――
# 잔치

 

 

장 바니에는 《공동체와 성장 Community and Growth》이라는 책에서 잔치를 일컬어 '하늘나라의 상징'이라고 했습니다. '인간이 가장 열망하는 완전한 친교의 몸짓'이라는 겁니다. 탕자의 비유에서 늙은 아버지는 오랫동안 간절히 바라던 대로 아들이 살아 돌아왔을 때 어떤 반응을 보이는 게 가장 적절한지 누구보다 잘 알고 있었습니다. 노인은 일꾼들에게 "살진 송아지를 끌어내다가 잡아라. 우리가 먹고 즐기자"라고 했습니다. 가출했다가 깊이 뉘우치고 다시 집을 찾아온 작은아들이 '완전한 친교'에 참여한 다른 손님들과 더불어 사랑받는 아들로서 축하 인사를 받을 준비가 됐었는지, 그렇지 않았는지는 알 수 없습니다. 하지만 무조건적인 사랑을 받고 부끄러워서 몸

둘 바를 모르는 모습은 탕자뿐만 아니라 우리에게서도 자주 볼 수 있습니다.

대학에서 일하면서는 '잔치'의 진정한 의미를 잊고 지냈습니다. 그러나 데이브레이크에 살면서부터 사랑과 인정이 듬뿍 담긴 단순한 제스처들을 보면서 '잔치'란 단순한 파티나 행사 이상이라는 점을 새삼 떠올릴 수 있었습니다. 시끌벅적 맛있는 생일 음식을 실컷 먹고 나서 한 사람씩 돌아가며 주인공의 존재와 삶에 대해 감사의 말을 전하는 걸 보고 감동을 받았습니다. 장례를 치르고 나서 한데 모여 고인에 관한 이야기를 주고받으며 웃고, 울고, 추억하는 걸 보면서 뭉클했습니다. 봄마다 엘렌의 부모가 몇몇 동행들과 먼 길을 달려와서 유월절 만찬을 함께하며 '선민'의 역사 가운데 임하신 하나님의 모습을 가르치는 장면을 지켜보며 깊은 인상을 받았습니다. 금요일 저녁 예배가 끝나고 마지막 찬송을 부를 때는 누가 시키지 않아도 다들 자연스럽게 한바탕 춤판을 벌이곤 했는데, 그 속에는 진정한 기쁨이 흘러넘쳤습니다. 잔치를 벌인다는 건 서로를 향해 따듯한 마음을 품고 기뻐하며, 즐겁게 음식을 나누고, 격려하며, 마음에 담아두었던 감사의 뜻을 공개적으로 알리는 걸 말합니다.

잔치가 영성 훈련이 되려면, 단순히 먹고 마시며 즐기는 차원을 넘어서 감격과 우정을 나누는 잘 준비된 모임이 되어야 합니다. 창의성을 마음껏 발휘해서 가벼운 '축제'를 기획해보십시오. 잔치를 열어서 사랑하는 이들을 공개적으로 지지해주고, 축복하고, 높여주십시오. 주인공의 입장이라면 최대한 순수해지려고 노력하십시오. 참다운 자양분을 한껏 받아들여서 불안정한 마음을 단단히 붙드십시오.

# From L'arche to a Second Loneliness 3
# 라 르 쉬 로 부 터
# 두 번 째 외 로 움 으 로

라르쉬와의 허니문은 일 년 남짓 계속됐습니다. 행복한 기간이 끝나기가 무섭게 옛 마귀가 되돌아왔고 나라는 인간이 이루 말할 수 없을 만큼 이기적인 욕구에 집착한다는 자의식을 붙들고 씨름했습니다. 작고 초라한 삶을 초월하여 더 크고 넓은 무언가를 표현하는 전혀 새로운 방식으로 정서적인 삶을 꾸려나가기를 진심으로 바랐습니다. 하지만 낡은 옷을 벗어버리기에는 내부 저항이 너무 극렬했습니다. 조금씩 '첫 번째 사랑'과 '두 번째 사랑'의 윤곽이 잡히기 시작했지만, 그나마도 머릿속에서뿐이었습니다. 자, 이제 구체적으로 이야기해봅시다.

〈블라우브뤼흐에서 본 암스텔 강〉, 1649-50, 소묘

함께 노래하고 춤추며 즐거워하되
저마다 홀로 있게 하라.
비록 현악기의 줄들이 한데 어울려 음악을 연주할지라도
하나하나 따로 떨어져 있듯이
나란히 서되 너무 가까이 다가서지는 마라.
사원의 기둥들은 뚝 떨어져 서 있게 마련이며
참나무와 삼나무는
서로의 그늘 아래서는 자랄 수 없는 법이니.

칼릴 지브란
《예언자 The Prophet》

세월이 지날수록 첫 번째 사랑은 궁극적인 생명의 원천, 즉 하나님으로부터 비롯되었다는 점이 내 안에서 더욱 또렷해졌습니다. 남들이 나를 알아보거나 사랑하기 훨씬 전부터 그분이 무조건적인 사랑을 베풀어주셨다는 사실을 지성적으로 받아들이는 데는 아무 문제가 없었습니다. 주님은 직접 "나는 영원한 사랑으로 너를 사랑하였고, 한결같은 사랑을 너에게 베푼다"고 말씀하셨습니다. 그리고 두 번째 사랑, 즉 부모나 가족이나 친구의 사랑은 첫 번째 사랑의 변형일 뿐임도 깨달았습니다.

짐작컨대, 첫 번째 사랑만이 줄 수 있는 만족을 두 번째 사랑에서 기대했던 게 내 고통의 근원이었습니다. 사랑하는 능력이 불완전하고 제한적인 다른 인간에게 완벽한 자기희생과 무조건적인 사랑을 바랐으니, 나무에게 물고기를 구한 꼴이었습니다. 요구가 많을수록 더 많은 것들을 잃어버리게 되고, 관계가 끊어지며, 분노가 커지고, 외톨이가 되고, 더 자주 극심한 고뇌와 고통을 맛보게 마련이라는 걸 경험에 비추어 잘 알고 있었습니다. 하지만 서글프게도 내게는 행동을 바꿀만한 힘이 없었습니다.

라르쉬에 들어가 살기 전까지는 이런 사실들을 새카맣게 몰랐습니다. 애정에 목말라하는 태도와 평생 맞붙어 싸워야 한다는 건 알고 있었지만, 두 번째 사랑으로 반응할 수밖에 없는 이들에게 첫 번째 사랑을 요구하고 있다고는 꿈에도 생각지 않았습니다. 라르쉬 데이브레이크에서도 그러한 생존방식에 기대어 정서적인 삶을 유지하려 들었습니다. '집'을 찾는 방편으로 따뜻하고 긴밀한 우정을 선택했습니다. 공동체 식구들과 관계를 맺는 데 모든 걸 다 바쳤고 한동안은 제법 재미를 보기도 했습니다. 그러나 2년차에 접어들면서 가장 친한 친구와 쌓았던 교분이 그야말로 산산조각 나는 사건이 터졌습니다. 순간, 그동안 공들여 구축했던 세계가 와르르 무너져 내렸습니다. 한평생 경험했던 상실이 한꺼번에 되살아나서 악착같이 덤비는 것 같았습니다. 교회와 공동체 안에서 개인적인 통합을 이루는 의식은 물론이고 방향 감각까지 완전히 잃어버렸습니다. 엉뚱한 데서 '집'을 찾고 있었다는 사실을 갑자기 깨닫는다는 게 얼마나 혹독한 일인지 말로 다 할 수 없을 정도였습니다. 어마어마한 외로움과 고통이 순식간에 밀려들었습니다.

  고통이 극심했습니다. 일을 할 수가 없었습니다. 아니 생활 자체가 어려웠습니다. 새롭게 '집'으로 삼은 관계에 의지해서 무언가를 해보려는 의욕이 강해질수록 심리학자로서 받았던 훈련이 더 강력하게 브레이크를 걸었습니다. 공동체 안에 머무는 한, 전문가의 적절한 지원을 받거나 거리를 두고 내 상태를 선명하게 볼 길이 없음을 깨닫게 해준 겁니다. 그래서 데이브레이크를 떠나 마니토바 주위니펙에 있는 다른 치유 공동체에 들어가 지내면서 내 씨름의 실체를 정확히 파악해보기로 했습니다. 라르쉬 생활의 의미를 깊게 하려면 잠시 떠나 있는 게 꼭 필요하다고 굳게 믿었습니다. 개인적으로 너무나, 너무나도 힘든 시간이었습니다. 함께 있고 싶은 마음이 그 어느 때보다도 간절한데 익숙한 공동체에서 홀로 떨어져 있다니 견디기 어려웠습니다. 하지만 그런 경험을 통해서 차츰 친구, 친밀감, 안전감보다 더 뜻깊은 '집'을 찾아나서는 탐색을 시작할 수 있었습니다.

> 삶에는 온갖 경험들이 넘쳐 흐르게 마련이지만 내면 깊은 곳 어디쯤에선가는 움직일 때마다, 막막한 그러나 유익한 외로움을 너나없이 끌고다녀야 할지 모른다.
>
> ─ 에티 힐레줌
> 《가로막힌 삶,
> 베스터보르크에서 온 편지》

외로움에서 출발해서 라르쉬로 들어가고 거기서 제대로 살아갈 힘을 얻기 위해 두 번째 외로움으로 떠나는 일련의 상황들 속에서 몸부림치면서, 렘브란트의 〈탕자의 귀향〉을 처음 대했을 때 받았던 강렬한 인상을 선명하게 기억해냈습니다. 어쩐지 그 그림이 내 삶에 대단히 큰 의미를 갖게 될 것 같았습니다. 그래서 위니펙에서 홀로 지내는 동안 충분한 시간을 투자해서 그림을 살피고 연구하기 시작했습니다.

나로서는 무슨 일이 일어났는지 설명하기가 어렵습니다. 한없는 고통과 고뇌에 짓눌려 있었고 그만큼 외로웠지만, 은혜로운 손길로 엇나간 아들을 어루만지는 아버지의 모습을 눈앞에서 똑똑히 보았

〈길 떠나는 농부 가족〉, 1652, 동판화

습니다. 꿇어앉은 젊은이는 바로 나였습니다. 스스로 오랫동안 그런 사랑을 갈망해왔기에, 노인이 얼마나 큰 애정을 담아 자식을 쓰다듬고 있는지 확실히 알 수 있었습니다. 그처럼 따뜻한 손길은 눈이나 머리 못지않게 인정하고 확인하는 뜻을 정확히 전달합니다. 어깨를 짚은 두 손은 말보다 앞서서 마음을 이어줍니다. 화가의 상상력에 힘입어 살아난 주인공들의 모습이 깊은 슬픔에 빠져 있던 내 마음을 움직였습니다.

개인적으로는 여러 해 동안 이 그림을 관찰해왔고 지금도 보고 있습니다. 그리고 앞에서 밝힌 것처럼, 두 번째 사랑에서 첫 번째 사랑으로 가는 여정뿐만 아니라 외로움을 딛고 라르쉬로, 다시 라르쉬에서 두 번째 외로움으로 가는 내내 그림을 눈에서 떼어놓지 않았습니다. 차츰 그림의 본질에 접근하고 있었지만 여전히 드러나지 않은 무언가가 잔뜩 남았다는 느낌을 지울 수 없었습니다. 그림이 주는 통찰들은 지성 세계에 속하는 것들이었지만, 더 깊은 차원의 정서적인 삶을 영위하는 데도 큰 도움이 될 거라고 믿었습니다.

> 얼굴은 가면이다. 영혼의 이면에 숨어 있는 허약한 감정들을 누설하지 않으려고 뒤집어쓰는 가면.
> ─ 글렌 라조

생명의 근원이 되시는 하나님은 원초적인 사랑, 무조건적인 첫 번째 사랑을 베푸십니다. 하지만 그 사랑은 아버지와 어머니, 할아버지와 할머니, 형제와 멘토 등 한계가 뚜렷

한 몇몇 사람들을 거쳐서만 볼 수 있었습니다. 창조주께서 나를 어머니의 모태에서 조성하셨으며 온전히 사랑하시는 걸 알고 있기는 했지만, 그걸 비쳐 보여주는 아버지는 대단히 권위적이었으며 어머니는 지나치리만큼 연약하고 세심했습니다. 두 어른이 죽는 날까지 한없는 애정을 퍼붓고 은혜를 베푸셨음에도, 나로서는 너무나 조심스러워서 자식을 마음껏 끌어안거나 만지지 못하는 여인과, 아들에게 출세해서 교수가 되어야 한다는 메시지를 강압적으로 전달하는 아버지를 통해서 하나님의 무조건적인 사랑을 처음 경험할 수밖에 없었습니다. 그런 부모님을 보면서 하나님이 주시는 무조건적인 첫 번째 사랑을 실감하기란 쉽지 않았습니다. 두 분 다 평생 고마워해야 할 만큼 훌륭한 어른들이었지만 그들 역시 한계가 많은 인간들이었습니다. 힘닿는 데까지 최선을 다해서 나를 사랑해주었지만 내게 많은 상처를 준 것도 엄연한 사실입니다. 아버지와 어머니는 훨씬 먼저 나를 알아보고 끌어안아주시는 분의 무제한적인 사랑을 흐릿하게 보여주는 그림자에 불과했습니다.

부모의 사랑은 무한한 사랑의 유한한 그림자입니다. 누구나 그렇겠지만, 나 역시 그 사랑을 체험하는 과정에서 상처를 입었습니다. 대다수 아버지와 어머니들은 누구보다 훌륭하며 심지어 위대하기까지 하지만 또한 인간으로 세상에 살면서 무수히 깨지고 깊이 상한 이들이기도 합니다. 자녀들에게 가장 좋은 것들을 주고 싶어 하는 뜻은 간절하지만, 저마다 지닌 상처 탓에 그럴 수가 없으며 결국 마음과 달리 유한한 사랑을 전달하는 데 그치고 맙니다.

그런 까닭에 '집'이라는 울타리를 벗어나서 사랑받을 수 있는 자리를 탐색하는 이들이 적지 않으며, 그들 가운데 상당수는 주위에서 흔히 보는 문화운동에 휩쓸립니다. 하지만 의식적으로든 무의식적으로든 "나를 어떻게 생각해요? 나를 봐주세요! 내가 하고 있는 일을 좀 보세요! 내가 가진 것들이 보이나요? 멋지지 않아요? 이만하면 괜찮다고 생각하지 않나요? 나를 받아주겠어요? 나를 훌륭한 인간으로 보고 있나요? 날 좋아해요? 날 사랑하나요?"라고 묻는 삶이야말로 방탕한 인생입니다.

우리는 남들한테 멋진 모습을 보이려고 쉴 새 없이 움직입니다. 다른 이들의 눈에 어떻게 비쳐지느냐에 따라, 혹은 무슨 일을 하고 무얼 가졌느냐에 따라 자신의 정체성과 가치가 결정된다는 착각에 빠져 있는 탓입니다. 정말 특별하고 그럭저럭 괜찮은 인물이 되면 외부에 있는 이들이 과연 그렇다고 얘기할 거라 믿습니다. 독특하고 사랑할 가치가 있는 인간인지 판별하는 시험을 통과했는지 알려면 주변 사람들의 이야기를 들어봐야 한다고 생각합니다. 이런 사고방식을 부채질하는 건 바로 우리가 사는 이 세계입니다. 세상은 묻습 영적 체험의 핵심이라고 할 만한 통찰이 여기에 있다.
인간은 자신을 창조하고 생존하게 해주는 사랑을 통해서
상세하고도 깊게 인식하고 이해하며, 상호의존적인 창조 공동체의
구성원인 것을 알게 된다. 이 사랑은 인간의 잠재력뿐만 아니라 한계도,
선을 행할 능력뿐만 아니라 악을 저지를 가능성도, 자신의 목표를 위해
공동체를 부당하게 이용하려는 집요한 이기심도 안다.
하지만 그 사랑은 그것을 빌미로 인간을 제한하거나 조종하려 들지 않는다.
대신에 끊임없이 은혜를 베풀어 자신을 인식하고 용납하게 해서
마침내 마음껏 더 큰 사랑을 살아내게 한다.

-

파커 J. 파머
《가르침과 배움의 영성 *To Know As We Are Known*》

니다. "얼마나 벌어놨지? 어떤 재산을 소유하고 있어? 공부는 어디까지 했대? 유명해? 어떤 도움을 줄 수 있지? 주변의 평가는 어때? 힘깨나 쓰는 편인가?" 잘하는 것도 없고, 돈도 없고, 성공하지도 못하고, 유명하지도 않으면 아무것도 아닌 존재가 됩니다.

이런 부류의 문화적인 환상들이 온 천지에 가득해서 자아상에 지대한 영향을 미치고 있습니다. 세상은 경고합니다.

"일(변호사, 아이 엄마, 최고경영자, 교사, 도우미, 과학자, 또는 단순노동자)이 곧 그 사람입니다. 그러니까 무언가 인정받을 만한 일을 하십시오."

"가진 게(돈, 학벌, 권력, 인기, 장애, 맨주먹) 곧 그 사람입니다. 그러므로 부지런히 움직여서 가능한 한 많이 긁어모으십시오."

"남들 눈에 비치는 모습(친절한, 인색한, 성자 같은, 다정한, 어리석은)이 곧 그 사람입니다. 그러므로 올바르게 처신해서 존경을 받으십시오."

영화, 예술, 연예산업은 이런 환상을 뒷받침하며 조작하는 방식으로 사용되는 경우가 많습니다. 현대인은 자아정체감마저 정립하지 못한 이들이 만들어낸 환상에 휘둘리고 있습니다. 그들이 인정과 용납을 얻으려고 지어낸 허상을 행동으로 옮기며 살아갑니다. 우리는 사랑스럽게 어루만지는 동작이 움켜쥐는 행위로 변질되고, 입맞춤이 물어뜯는 걸로 발전하는 걸 지켜보고 있습니다. 성폭력은 통제할 수 없는 인간적인 욕구에 누군가를 순응시키려는 의도에서 비롯됩니다. 자유롭게 주고받는 관계는 존재하지 않습니다. 개인의 필요를 이기적이고 독점적으로 표현하는 데 집착할 따름입니다. 몸과 성은 전체적으로 인간이 진정한 자아를 추구해 나가는 구심점입니다. 방탕한 인생을 정리하고 차츰 절제하는 생활로 옮겨가라고 도전하는 이유가 여기에 있습니다. 고상한 척하라는 얘기가 아닙니다. 참다운 자아정체감은 진정한 친밀감이라는 소중한 선물을 불러오기 때문입니다.

예수님은 인간을 얽어매는 이 착각에 빠진 어두운 세상과 정면으로 맞서는 삶을 사셨습니다. 집으로 돌아간다는 건 이런 착각과 방종, 남의 기대에 맞추려는 절박한 몸짓에서 돌이킨다는 뜻입니다. 직업이 인간을 대변할 수는 없습니다. 재물이 인격과 맞먹을 수도 없습니다. 남들의 평가가 한 사람을 규정할 수는 없습니다. '귀향'은 진리를 따르는 행위를 가리킵니다. 나는 따듯하고 다정한 창조주의 사랑스러운 자녀입니다. 이

> 하나님이 우리를 사랑하시는 게 마치 우리가 다른 이들을 사랑하는 것처럼 조건적일 거라고 생각할 때가 너무도 많습니다. 자신을 하나님의 형상으로 보는 게 아니라 하나님을 자기 형상에 맞추려 하는 꼴입니다. … 성공주의에 물든 인간은 그런 문화를 하나님과의 관계에까지 들이대려 합니다. 주님을 비롯한 모든 이들에게 깊은 인상을 남기려고 안간힘을 쓰면서 점점 지쳐가는 겁니다. … 하나님과의 관계나 그분 앞에서 누리는 지위는 우리의 행위나 업적과 전혀 상관이 없다는 사실을 확실히 믿어야 합니다.
>
> ─ 데즈먼드 투투
> 《하나님에겐 꿈이 있다
> God Has a Dream》

제는 더 이상 이 땅에 존재하기 위해 세상의 허락을 받을 필요가 없습니다.

　방탕한 삶과 절제된 인생 가운데 어느 쪽을 택하느냐에 따라서 부당한 고난을 당할 때 대처하는 모습이 크게 달라집니다. 올바른 자아정체감을 가지고 절제된 삶을 사는 이들은 전혀 새로운 방식으로 어려움을 헤쳐나갑니다. 예를 들어, 관계가 틀어져서 마음을 다치면 자연히 불안정해지게 마련이며 자존감의 추락과 상처뿐만 아니라 패배감까지 경험하게 됩니다. 죽고 싶다는 생각이 들 수도 있는데, 그 자체가 삶을 얼마나 소중하게 여기는지 보여주는 잣대가 됩니다. 선한 것과 추한 게 한데 뒤섞인 느낌으로서, 혼란스럽지만 모두가 절실한 감정들입니다. 그러나 감당할 수 없는 상처를 입고 깊은 절망 속으로 빨려 들어가는 상황일지라도 자신의 실체를 설명하는 놀라운 진리에는 변함이 없습니다. 사랑을 받고 있다는 게 중요합니다. 이건 공부를 하거나 심리학적으로 분석해서가 아니라, 마음 깊은 곳에서 저절로 알게 되는 사실입니다. 나는 괜찮은 사람입니다. 나를 세상에 보내서 살게 하신 분이 알고 계시며 소중하게 여겨주시는 존재이기 때문입니다. 상처를 입은 인간이기 이전에 사랑받고 있는 사람입니다. 비록 상한 감정을 가졌을지라도 언제든 되돌아가서 진정한 나를 되찾을 길이 열려 있습니다. 자아에 관한 이러한 진리

열여섯 살 무렵, 직장에서 쫓겨나고 큰 충격을 받았다.
내 전 인격이 쓰레기통에 처박힌 느낌이었다.
2층에서 울고 있는데 어머니가 들어오셨다.
… 자초지종을 말씀드렸다. … 어머니는 침대에 걸터앉은 채
두 팔로 나를 꼭 끌어안아 주셨다. "해고를 당해서라고? 해고란 말이지?" 하시며
호탕하게 웃으셨다. "난 또 뭐라고. 그까짓 게 무슨 대수라고.
내일 다른 일자리를 찾아보면 돼." 그러곤 손수건을 꺼내서 내 눈물을 닦아주셨다.
"예전에 열심히 직장을 찾아다녔던 걸 기억하니?
그러다 지난번 회사에 들어갔잖아, 그치? 이번에도 마찬가지야.
한 번 더 일자리를 구하게 됐을 뿐인 거지." 어머니는 우스갯소리로
십대 딸아이의 눈물바람을 놀리는 동시에 지혜로운 가르침을 얹어주셨다.
"생각해봐. 해고하는 순간 너희 사장은 어여쁜 아가씨 하나를 잃어버린 거야.
넌 늑대 소굴에서 살아남은 거고!"

–

마야 앤젤루
《떠날 때는 아무것도 필요하지 않습니다 *Wouldn't Take Nothing for My Journey Now*》

는 태어나기 전부터 내게 주어져서 지금까지 변함없이 세속되고 있습니다. 사랑이 많으신 창조주께서 애지중지하는 자녀, 그게 내 신분입니다.

예수님은 자신의 정체성을 분명하게 파악하고 계셨으며, 거기에 힘입어 고통스러운 날들을 평안하게 살아내실 수 있었습니다. 아픔과 괴로움을 주는 이들의 상처를 잘 아셨으므로 다른 이들이나 자신을 원망하시지 않았습니다. 아버지의 사랑을 받는 아들임을 굳게 믿으셨으므로 허다한 고난을 견디시고 해코지하는 이들을 기꺼이 용서하셨습니다.

내게는 '귀향'의 체험이 애정을 얻고 싶어 하는 깊은 갈망(몸과 마음에서 다양한 형태로 표출됩니다)을 둘러싸고 일어납니다. 그 인간적인 목마름은 온갖 동경과 고독, 욕정, 분노, 상처, 복수 따위로 뒤덮인 판타지의 세계로 나를 끌어들일 때가 많습니다. 그러나 스스로 참이라고 믿고 있는 실상이 있으므로, 고통이 극심한 상황에서도 자신을 돌아보게 됩니다. "여기가 돌아설 자리야. 여기서 돌이키면 부드럽게 진리로 돌아갈 수 있어. 아직 집에 도착한 건 아냐. 그래, 난 육신을 가졌고 내 몸은 선해. 내가 누군가에게 손을 댈 수도 있고 남들이 나를 만질 수도 있지. 하지만 내 욕구에 끌려서가 아니라 사랑받는 존재의 위치에서 *그래야 해*."

예수님은 "아버지께서 나를 사랑하신 것 같이 나도 너희를 사랑하였으니"라고 말씀하셨습니다. '아직 집에 도착하지는 않았지만 여전히 아버지의 사랑을 받는 아들'이라는 사실을 마음에 새기면 머리부터 발끝까지 방탕한 삶에 빠지는 걸 막을 수 있습니다. 지금은 절제된 삶을 완벽하게 살아내지 못할 수도 있지만, 그렇다고 해서 내 몸이 창조의 영이 거하시는 성전이라는 사실이 달라지지는 않습니다. 예수님처럼 나도 하나님의 사랑을 한 몸에 받는 자녀입니다. 그 사실 역시 변함이 없습니다. 그건 진리입니다.

절제된 삶이란 이 원초적인 진리로 돌아가서 온몸으로 살아내는 걸 말합니다. 자아를 온전히 집으로 이끌어가는 작업이야말로 힘들고 고단한 씨름입니다. 이 여정을 잘 끝내려면 부드럽게 조금씩 전진하는 게 가장 좋은 방법입니다. 예수님은 그 길이 아주 좁다고 가르치셨습니다. 가끔 자빠질 수도 있다는 말씀입니다. 영적인 삶의 여정을 모두 마칠 때까지는 쓰러졌다 일어나고, 미끄러져서 진리를 벗어났다가 회복하고, 집을 떠났다가 돌아오는 과정이 무수히 되풀이되게 마련입니다. 그러므로 한결같은 하나님의 사랑을 잊지 마십시오. 자녀들이 돌아온 뒤와 마찬가지로 떠나 있는 동안에도 하나님은 똑같이 은혜를 베푸시고, 애정을 쏟으시며, 소중히 여기시고, 애타게 기다리십니다.

하나님의 사랑스러운 자녀들이여, 이 세상에 살면서 하나님이
여러분을 있는 그대로 사랑하신다는 사실을 기억하기란 쉬운 일이 아닙니다.
주님이 여러분의 선한 모습을 보시고 사랑해주시는 건 아닙니다.
천만의 말씀입니다. 하나님은 여러분을 사랑하십니다. 그게 끝입니다.
사랑할 만해서 사랑하는 게 아닙니다. 절대로 아닙니다.
정확하게 말하자면, 그분이 사랑해주신 덕분에 우리는 사랑할 만한
존재가 된 겁니다. 하나님은 공로와 상관없이 그 모습 그대로
우리를 받아주셨습니다. 얼마나 기가 막힌 은혜입니까! 이것이 진정한 해방입니다.

-

데즈먼드 투투
《하나님에겐 꿈이 있다》

〈겟세마네 동산의 예수〉, 1657, 동판화

구체적으로 실현된 자아와 몸, 그리고 마음을 사랑하는 게 가장 멋진 '귀향' 입니다. 따로 놀던 걸 모아서 하나로 묶어내는 겁니다. 육신과 정신, 마음이 하나가 되면 방탕한 생활은 자취를 감춥니다. 더욱 온전하고 절제된 삶을 실감하게 됩니다. 자신과 우주가 더욱 긴밀하게 하나가 되는 걸 느낄 수 있습니다. 그리고 거기서부터 서로 부드럽게 어루만지고, 끌어안고, 몸을 씻기고, 보살피며, 감싸고, 사랑하고, 입 맞추고, 자유를 만끽할 수 있습니다. 그런 경지가 되면, 더 이상 누군가를 끌어들여서 자신을 말하거나 정체성을 확인하지 않게 됩니다. 예수님처럼 자신이 누구인지 확실히 깨닫습니다. 인격적인 하나님이 영원히 사랑하시는 자녀임을 굳게 믿게 되는 겁니다.

집으로 돌아간다는 건 곧 거룩한 하나님의 사랑스러운 자녀라는 참다운 자아상을 단단히 붙들고 고향을 향하여, 다시 말해서 절제된 삶을 향하여 걷기 시작하는 걸 일컫습니다. 어쩌면 머리로는 돌아가고 싶은데 몸이 엉뚱한 길로 끌어가는 바람에 방향을 잃고 제자리를 맴돌거나 사방 천지를 헤매고 다닐 수도 있습니다. 영적인 삶은 집 쪽으로, 즉 진리를 향해 꾸준히 돌아서는 결단의 연속입니다. 따뜻한 눈길로 탕자를 지켜보는 이들이 있다면, 부디 '사랑이 많으신 성령님의 자녀' 라는 참다운 정체성을 회복할 수 있도록 도와주길 바

> 혹시 남아프리카공화국으로 돌아가서 설교를 하거나 강의를 하게 된다면, 한 사람 한 사람이 각기 제 몫의 눈물 구덩이 옆에 앉아 있다는 사실을 늘 기억하십시오.
>
> ― 트레버 허드슨
> 《땅의 소리를 들어라
> Listening to the Ground》

랍니다.

친구와의 관계가 삐거덕거리면서 하버드와 예일에서 경험했던 예전의 외로움과는 또 다른 고독에 본격적으로 휘말려 들어가게 됐습니다. 두 번째 외로움은 훨씬 더 근원적이고 실존적이었습니다. 인간관계의 차원을 넘어 신령한 영역으로 들어가고, 유난스럽게 친구를 찾고 의지하는 태도를 버리고 온전히 신뢰하며, 주어진 것보다 더 큰 무언가를 추구하는 일에 관련된 외로움이었습니다. 거룩하신 하나님이 내 중심에 들어오시는 사건과 연관이 있었습니다. 성경이 말하는 예수님의 초대, 즉 "아버지를 버리고, 어머니를 버리고, 형제를 버리고, 자매를 버리면 헤아릴 수 없이 많은 형제자매를 얻게 될 것"이라는 부르심의 문제였습니다. 감히 말하자면, '두 번째 외로움'은 옛날 고릿적부터 이어져 내려온 영성 생활의 전통을 현대적으로 표현한 말이기 때문입니다. 다른 이미지를 끌어다 설명하자면 '캄캄한 심령의 밤'이 어울릴지 모르겠습니다. 십자가의 성 요한은 그 칠흑같이 어두운 밤을 지내면서 인간이 그 마음으로 성령님을 소유하거나 붙잡는 게 불가능하다는 걸 깊이 깨달았습니다. 하나님의 영은 너무나 광대해서 인간으로서는 도저히 담아낼 수 없는 까닭입니다.

개인적으로는 그 시기를 통과하면서, 정서적인 만족감을 주는 우정에 얽힌 첫 번째 외로움을 지나 사랑 그 자체와 친밀해지는 두 번째 외로움으로 넘어가는 과정에 관해 큰 깨달음을 얻었습니다. 하나님이 더 깊은 교제를 나누기 위해 따뜻한 인간관계를 다 포기하라고 요구하셨던 건 아닙니다. 그러나 감성적이고 지성적이며 정서적인 만족에 집착하는 마음가짐을 내려놓으라고 도전하셨습니다. 그런 종류의 두 번째 외로움은 극복해야 할 문제가 아니라 온전한 인간으로 설 수 있도록 열심히 살아내야 할 과제입니다. 두 번째 외로움은 내면적으로 거룩하신 주님과 친밀하게 교제하는 길에 들어서게 하는 동시에, 형제자매나 좋은 친구들과의 관계를 통해서 가장 깊은 자아를 어루만질 수 있게 이끌어주기 때문입니다.

역설적이지만 엄연한 사실입니다. 인생을 지으신 주님과 더 가까워질수록 더 깊은 외로움을 맛보게 됩니다. 동시에 그 외로움은 하나님의 식구만이 누릴 수 있는 소속감을 줍니다. 세상이 제시하는 그 어떤 소속감보다 훨씬 더 강렬하고 친밀한 감정입니다. 사랑받고자 하는 인간적인 갈

> 첫 번째 부르심은 예수님이나 하나님나라의 놀랍고 고상한 진리를 좇으라는 내용일 때가 많다. 그 말씀에 따르는 이들은 가족과 친구, 공동체로부터 칭찬과 존경을 받는다. 두 번째 부르심은 얼마쯤 시간이 지나서 인간으로서는 예수님을 위해 거창하고 대단한 일을 해낼 수 없다는 사실을 받아들이는 순간에 찾아온다. 그때는 포기와 굴욕과 겸손이 지배하게 마련이다.
>
> – 장 바니에
> 《공동체와 성장》

〈십자가를 지신 그리스도〉, 1655-60, 소묘

망에서 최대한 멀리 떨어져 외롭게 지내며 성령님과 진실하게 교제할 때, 온 우주를 창조하신 주님의 소유이자 인류의 한 구성원으로서 가장 높은 수준의 소속감을 체험하게 됩니다.

두 번째 외로움 안에서 인간이 가진 가장 큰 고독감은 가장 긴밀한 연대감과 한 덩어리가 됩니다. 그건 거룩한 사랑의 하나님과 나누는 연대감인 동시에 인간들 사이에서 누리는 결속의 감정이기도 합니다. 일단 이러한 과정을 무조건적인 사랑, 연약한 인간성, 어디에나 있는 모든 형제자매들과 깊이, 아주 깊이 연결된 소명으로 받아들이고 나면, 내면에서 무언가 변화가 일어나기 시작합니다. 하나님이 베풀어주신 첫사랑을 으뜸으로 삼을 때 실존적인 외로움을 살아내는 방식이 달라진다는 뜻입니다. 진리에 더 깊이 뿌리를 내리고 온갖 고난을 감수해가며 온전히 인간다운 인간으로 바로 서가게 됩니다.

앞에서 혼자 탕자의 비유 속으로 들어가지 말고 다른 이들과 더불어 움직이라고 했던 까닭이 여기에 있습니다. 외로움과 괴로움 속에 사는 이들이 주변에 가득하다는 것쯤은 다들 알고 있을 겁니다. 제 몫으로 주어진 두 번째 외로움에 이르게 되면 다음에는 '인류가 가진 조건'이라는 큰 그림을 보아야 합니다. 세상의 수많은 동료 인간들과 연대를 이룬다는 차원에서 제각기 자신의 삶을 돌아보십시오.

그렇지 않으면 여러분의 삶은 여전히 왜소하고, 고립되고, 지루한 수준을 벗어나지 못할 것입니다. 가족과 교회라는 유한한 공동체 안에 있는 여러분과 나는 하나같이 상처를 품고 사는 보잘 것 없는 존재들입니다. 우리는 더 과학적이고 우주적인 세계관을 가지고 더 광범위한 교제를 나누도록 부름 받았습니다. 온 천하를 지으시고 통치하시는 하나님과, 그리고 세상에 사는 다른 인간들과 말입니다. 굳게 서서 인생과 고통에 맞서 끈질기게 씨름하는 삶을 살아가라고 감히 권면할 수 있는 건 우리가 개인의 한계를 뛰어넘어 더 큰 연대를 이루고 있음을 굳게 믿기 때문입니다.

성가 〈스타바트 마테르Stabat Mater〉('슬픔의 성모'라는 제목의 가톨릭 성가로 그리스도의 십자가 아래 서 있는 마리아의 슬픔을 그린 작품_옮긴이)는 라틴어로 '서 있는 어머니'라는 뜻입니다. 마리아는 십자가 아래서 기절하지 않았습니다. 아들 곁에서, 그리고 온 세상과 더불어 굳게 서 있었습니다. 솔직히 말해서 나로서는 그러지 못할 때가 한두 번이 아닙니다. 그러나 똑바로 서서 세상을 바라보며 인간성의 실체를 선포하는 사명을 받았다는 사실만큼은 확실히 압니다. 부디 여기에 적은 내 개인적인 체험과 성찰이 여러분의 마음을 움직여서 복음서에 기록된 탕자의 비유를 제각기 자신의 삶과 연결 짓는 계기가 되길 바랍니다.

어느 날 젊은 엔지니어가 찾아와서 했던 말이 기억납니다.

"신부님, 정말 대단한 일이 일어났어요. 자동차를 몰고 고속도로를 달려가는데, 지독하게 외롭다는 생각이 드는 거예요. 문득 마음속에서 음성이 들렸어요. 아마 예수님 목소리였을 거예요. 이렇게 말씀하시는 것 같더군요. '샛길로 나가서 차를 세워두고 함께 걷자꾸나.' 차에서 내렸는데 아주 쓸쓸한 느낌이 들었어요. 주님과 나란히 걷는 장면을 떠올리려고 노력했지만 감당할 수 없을 만큼 고독했습니다. 그런데 바로 그때, 그분이 내 중심을 향해 말씀하시는 걸 알겠더라고요. 순간, 예수님이 그 어느 때보다도 가까이에 계시는 걸 절감했습니다. 말로 설명하기는 어렵지만, 내게는 너무 생생한 만남이었습니다. 너무도 강렬해서 다시는 그런 감격을 맛보지 못할 것 같아요."

짤막한 얘기였지만, 인생은 단절감을 느끼며 고속도로를 달리는 첫 번째 외로움에서 예수님 한 분이면 충분하다고 믿으며 그분과 더불어 홀로 걷는 두 번째 외로움으로 발전해가는 과정이라는 걸 다시 한 번 일깨워주었습니다. 채워지지 않은 내면의 욕구는 끊임없이 비명을 질러대지만, 더 이상 연인이나 친구에게서 치유를 기대하지 않게 되는 것입니다.

라르쉬 생활은 내 삶을 통틀어 가장 핵심적인 씨름과 맞닥뜨리는,

사랑하는 하나님,
수사슴이 흐르는 냇물을 찾아 헤매듯
내 영혼도 주님을 간절히 찾습니다.
내 심령이 주님을 갈망하며
생명의 물을 갈구합니다.
언제쯤 그 앞에 이르러
주님의 얼굴을 우러러볼 수 있을까요?
친구들은 쉴 새 없이
'네가 온 마음으로 사랑하는 분이 어디 있느냐?'고 물으니
밤낮없이 흐르는 눈물이
내 유일한 양식이 되었습니다.
-

난 C. 메릴
《기도를 위한 시편》

즉 탕자의 경험과 비유를 통해서 두 번째 외로움을 깨닫는 통로가 되었습니다. 식구들을 통해서 하나님의 무조건적인 첫 번째 사랑을 실감했습니다. 탕자의 비유와 그림은 선의와 우정, 그리고 애정을 만끽하면서도 거기에 완전히 의존하지 않을 수 있음을 가르쳐주었습니다. 또 거절과 무시를 당한다 하더라도 파멸에 이르지 않는 길이 있다는 사실도 알려주었습니다. 거절당하는 것만큼 괴로운 일도 없겠지만, 첫 번째 사랑을 배경으로 그 아픔을 살아간다면 얼마든지 생존이 가능합니다. 이런 점에서 탕자의 비유는 영적인 삶에 관한 이야기라고 할 수 있습니다.

혼자서, 그리고 여러분과 마찬가지로 신령한 길을 찾는 이들과 더불어 렘브란트의 그림을 찬찬히 들여다보고 연구하십시오. 거의 눈이 멀다시피 한 노인은 보아서가 아니라 어루만져서 사랑하는 자식을 알아보았습니다. 진실한 사랑을 주고받는 것과 관련하여 이러한 아버지의 모습이 가르쳐주는 원초적인 가르침을 놓치지 마십시오. 선언이나 성명이나 논쟁과는 차원이 다른 문제입니다. 아버지의 사랑은 말보다 앞섭니다. 무조건적인 사랑을 접한 인간은 부드럽게 어루만져주는 사랑을 받았던 첫 경험으로 돌아가게 됩니다. 따듯하게 쓰다듬어주시는 하나님과 아버지, 어머니의 첫 손길은 인간의 의식 속에 깊이 파고들어서 특별한 사랑의 첫 느낌으로 자리 잡을 뿐만

〈술 취한 사람 습작〉, 1633, 소묘

아니라 집과 소속감, 안전과 보호 따위를 제공받는 첫 번째 경험이 됩니다. 죽는 날까지 우리는 진정으로 사랑받았음을 재확인해주는 그 첫 번째 어루만짐을 계속해서 갈망하며 살아가게 마련입니다.

요 몇 년 동안 렘브란트의 그림 〈탕자의 귀향〉을 붙들고 살면서 그 의미를 풀이한 수많은 글을 읽었습니다. 지극히 사회학적인 것부터 한없이 개인적인 것까지, 내용은 천차만별이었습니다. 개중에는 상상을 초월하는 내용들도 있었습니다. 이처럼 해석의 여지가 활짝 열려 있다는 점만 가지고도 탕자의 비유는 복음서에서, 아니 문학 작품 전체를 통틀어 가장 위대한 이야기 가운데 하나입니다. 참으로 고무적인 일입니다. 제각기 자유롭게 저만의 설명을 내놓을 수 있다는 뜻이기 때문입니다. 여태까지 내 경험을 토대로 나만의 해석을 시도했습니다. 탕자에 관한 평가가 나 자신과 깊이 연관되어 있는 까닭이 거기에 있습니다. 그러나 여러분과 여러분의 개인사에도 의미심장하다는 게 이 비유가 가진 미덕입니다. 삶이 다르면 해석도 달라질 수 있는 법입니다. 여러분의 인생은 무엇과도 바꿀 수 없을 만큼 중요합니다. 그러므로 개인적인 삶의 여정을 따라가는 데 중요한 지침이 될 수 있는 이 이야기를 각자 해석하고 거기에 비추어 자신을 진지하게 돌아보길 바랍니다.

먹고 살기 위해 무얼 하는지는 관심이 없습니다.
무엇 때문에 아파하는지, 마음의 갈망을 채우려는 꿈을 품고 사는지
궁금할 따름입니다. … 사랑을 위해, 꿈을 위해, 살아 숨 쉬는 모험을 위해
바보 취급을 당하는 위험을 기꺼이 감수할 의향이 있는지 알고 싶습니다. …
슬픔의 중심에 이른 적이 있는지, 인생의 배신을 겪으면서 점점 더 마음을
열어왔는지, 아니면 더 큰 고통을 겪을지 모른다는 두려움에 잔뜩 쪼그라들고
단단히 담을 쌓게 됐는지 알고 싶습니다. 내 것이든 남의 것이든,
고통을 숨기거나 희석시키거나 고정시키지 않고 받아들일 수 있는지
알고 싶습니다. 자신에게 솔직하기 위해서
다른 이들을 실망시킬 수 있는지 알고 싶습니다.

―

오리아 마운틴 드리머
《초대 *The Invitation*》

※ **귀를 기울이십시오**

마음을 가라앉히십시오. 비유에 등장하는 인물들의 마음에 귀를 대고 저마다 느꼈을 외로움을 가늠해보십시오. 한 사람 한 사람의 부르짖음을 듣고 볼 새로운 귀와 눈을 주시길 간구하면서 천천히 그림으로 되돌아가십시오. 등장인물들의 개인적인 고통을 살피고 그 소리를 들으십시오. 아마 주인공들의 괴로움이 여러분의 아픔과 맞닿을 것입니다. 그처럼 거룩한 환경이 마련되면 두려워하지 말고 넉넉한 시간을 투자해서 인간이라는 가족의 구성원으로서 가지고 있는 실존적인 외로움을 느껴보십시오.

> '인간'이라는 말과 '겸손'이라는 단어는 한 뿌리에서 나왔다. 인간은 대단치 않은 일을 할 때 가장 인간적이다. 사실 우리는 그저 흙과 생기가 합쳐진 하찮은 피조물에 지나지 않는다. 기껏해야 더 큰 무언가가 출현하는 과정에 참여하고 있는 다정한 산파 정도로 보면 된다. 가만히 귀를 기울이고 상황이 어떻게 돌아가는지 감지해낸다면, 충분히 지혜로워져서 막 태어나려는 존재 위에 손을 올려놓고 애정과 관심을 담아 축복할 수 있게 될 것이다.
> ─ 웨인 멀러
> 〈休〉

※ **일기를 쓰십시오**

펜을 들고 생각과 감정을 말로 바꾸어 노트에 옮기십시오. 마음속으로 더 깊이 들어가서 관계 가운데서, 또는 관계의 부재 속에서 경험했던 외로움들을 기록하십시오. 그런 고독이 자신에 대한 인식에 어떤 영향을 주고 있습니까? 정직하게 표현할 수 있을 때까지 계속하십시오. 탕자의 비유와 그 그림이 여러분의 소중한 삶에 어떤 빛을 드리웠는지 정리한 뒤에 마무리 지으십시오.

### ※ 묵상하십시오

사랑이 많으신 창조주의 임재 안에 있는 자신의 모습을 그리면서 마음으로 대화하십시오. 현재 직면하고 있는 외로움과, 사랑을 찾고 사랑을 주고 자신을 사랑하기 위한 씨름을 소상히 말씀드리십시오. 스스로 완전한 사랑을 받아보지 못한 희생자라고 솔직하게 고백하고 사랑받을 만한 성품과 지위를 되찾으십시오. 남들에게 상처를 준 과거를 사실 그대로 털어놓고 담대하게 용서를 구하십시오. 영원한 사랑으로 여러분을 아껴주시는 분의 품에 안겨서 다시 한 번 안전하게 쉬고 싶은 간절한 소망을 표현하십시오. 그러곤 잠잠하십시오. 귀를 쫑긋 세우고 대답을 기다리십시오.

마음에서 마음으로 대화하십시오.

영혼의 순례에 나선 이들을 위한 지혜 훈련

세 번째
---
# 정확한 신분을 내세우십시오

    탕자의 비유는 오만하고, 길을 잃어버리고, 제멋대로인 젊은이가 성숙한 어른으로 가는 길을 찾는 여정을 그리고 있습니다. 작은아들은 한없는 쾌락으로 통하는 길을 훤히 꿰뚫고 있노라고 자부했지만 결국 방향을 잃고 고통스러운 방황을 거듭했습니다. 결국 더듬거리며 자신의 정확한 소속을 밝히는 한편, 아버지의 사랑스러운 자녀라는 실체적 진실을 온몸으로 '경험하는' 걸로 이야기가 마무리됩니다.

    개인적으로는 한바탕 영적인 씨름을 벌일 때마다 하나님의 사랑스러운 자녀라는 '느낌'이 자주 흔들리곤 했습니다. 하지만 그게 가장 원초적인 내 신분이며, 주저하게 만드는 이유가 아무리 많더라도 과감하게 그 지위를 선택해야 한다는 걸 잘 알고 있습니다.

자기부정, 더 나아가서 자기혐오처럼 강렬한 감정들 때문에 잠 못 이루는 밤이 많겠지만, 여러분에게는 원하는 대로 반응할 자유가 있습니다. 여러분의 실체는 남들의 생각, 아니 자신의 판단과도 다를 수 있습니다. 직장이 누군가를 대변할 수는 없습니다. 재물이 한 인간을 대표할 수는 없습니다. 여러분은 인간 가족의 온전한 구성원입니다. 어머니 뱃속에 수태되고 조성되기 전부터 하나님은 우리를 아셨습니다. 이따금 스스로 쓸모없는 존재라는 생각이 들거든 여러분이 누구인지 밝혀주는 진리를 굳게 붙잡으십시오. 매일 거울을 보고 정확한 신분을 선언하십시오. 감정이 사실을 앞지르지 못하게 하십시오. 믿어도 좋습니다. 언젠가 감정과 사실이 일치하는 날이 반드시 찾아옵니다. 오늘도, 내일도 계속해서 이 놀라운 진리의 편에 서십시오. 인격적인 창조주의 아들딸이라는 원초적인 정체성을 주장하고 되찾는 영적인 훈련을 되풀이하십시오.

# 원한, 눈에 보이지 않는 귀양살이

The Invisible Exile of Resentment

2부

탕자의 비유에 나오는 큰아들에게서와 마찬가지로 고모에게서도 내 모습을 봅니다.
오랜 세월에 걸쳐 내 안에 원한이 축적되어온 과정을 누구보다 내가 잘 알기 때문입니다.
나는 집안의 맏이였습니다. 대학에 들어간 뒤부터, 특히 아버지와의 관계에서
쌓인 원한이 마음 한구석에 자리를 잡았습니다.

—

Henri J. M. Nouwen
*Home Tonight: Further Reflections on the Parable of The Prodigal Son*

Home Tonight

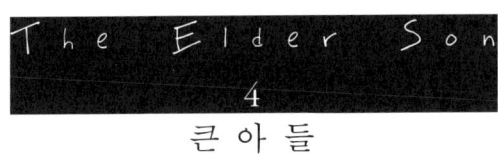

## 4 큰아들

앞에서 말한 것처럼, 내 안에는 집 나간 작은아들뿐만 아니라 집으로 돌아와야 할 큰아들도 있었습니다. 개인적으로는 그림에서 아버지 오른쪽에 서 있는 인물이 비유가 설명하는 큰아들일 거라고 믿습니다. 가족, 친구, 형제자매 등 주위의 뭇사람들과 더불어 독특한 삶을 꾸려가고 있는 지구별의 중심, 그 작고 작은 점으로 다시 한 번 여러분을 초대합니다. 마음 깊은 곳에 귀를 기울여가며 비유에 등장하는 다른 주인공의 이야기 속으로 들어가 봅시다(전문은 누가복음 15장 11-32절에 나와 있습니다).

들판에서 일하다가 집으로 돌아오던 큰아들은 시끌벅적 떠드는 소리를 들었습니다.

〈소리치듯 입을 벌린 자화상〉, 1630, 동판화

무슨 일이냐고 묻자 일꾼 하나가 대답했습니다. "아우님이 집에 돌아왔습니다. 건강한 몸으로 돌아온 것을 반겨 주인 어른께서 살진 송아지를 잡으셨습니다."

맏이는 잔뜩 성이 나서 아예 안으로 들어가지도 않으려 했습니다.

아버지는 손수 문밖까지 나와서 얼른 잔치 자리에 함께 앉자고 권합니다.

하지만 큰아들은 싸늘하게 쏘아붙입니다. "나는 이렇게 여러 해를 두고 아버지를 섬기고 있고 아버지의 명령을 한 번도 어긴 일이 없는데, 나에게는 친구들과 함께 즐기라고 염소 새끼 한 마리도 주신 일이 없습니다. 그런데 창녀들과 어울려서 아버지의 재산을 다 삼켜버린 이 아들이 오니까, 그를 위해서는 살진 송아지를 잡으셨습니다."

노인은 맏아이에게 대답했습니다. "얘야, 너는 늘 나와 함께 있으니 내가 가진 모든 것은 다 네 것이다. 그런데 너의 이 아우는 죽었다가 살아났고, 내가 잃었다가 되찾았으니, 즐기며 기뻐하는 것이 마땅하다."

> 단 한 문장에서부터 이야기나 비유에 이르기까지 말씀을 들을 때, 가르침을 받고 지식을 쌓고 영감을 얻는 데 그칠 게 아니라 진심으로 순종하는 인격을 기른다면, '렉시오 디비나'(Lectio Divina, 거룩한 독서) 훈련은 시간이 지날수록 저마다의 정체성과 행동, 일상적인 신앙 활동을 크게 변화시킬 것이다. … 성경은 한 사람 한 사람에게 필요한 말씀을 담고 있지만, 역사에 길이 빛나는 크리스천들의 가르침을 알아두면 성경이 자신의 뜻을 뒷받침해주길 바라는 오류에 빠지는 걸 막을 수 있다.
> 
> 헨리 나우웬
> 《영성수업 Spiritual Direction》

여러분과 함께 큰아들의 됨됨이와 우리 삶에 깃들인 그의 속성들을 돌아볼 수 있어서 참 기쁩니다. 이 젊은이를 생각할 때 가장 먼저 눈에 들어오는 특징은 달아나지 않고 집에 머물렀다는 점입니다. 곰곰이 생각해보십시오. 객관적으로 이 청년은 나무랄 데 없는 인물이었습니다. 가출을 감행하기는커녕 땀 흘려 일하며 아버지의 재산을 관리했습니다. 순종적이고 효성스러웠으며 헌신적이고 성실했습니다. 큰아들의 은사는 분명히 그 신실함이었습니다. 나이 많은 아버지는 맏이에게 깊이 의지했으며 그 젊은 친구가 꾸준히, 그리고 열심히 일한 덕분에 가산을 잘 지킬 수 있었습니다. 모르긴 하지만 큰아들의 노력에 힘입어 살림살이가 무척 넉넉해졌을 겁니다.

그러나 겉으로 보이는 것만큼 모든 게 완벽하지는 않았습니다. 집에 머물면서도 맏이 역시 마음과 생각으로는 사방팔방 떠돌아다니고 있었던 게 확실해 보이기 때문입니다. 이 젊은이가 하는 얘기를 곱씹으며 들어보십시오. "나는 이렇게 여러 해를 두고 아버지를 섬기고 있고 아버지의 명령을 한 번도 어긴 일이 없는데, 나에게는 친구들과 함께 즐기라고 염소 새끼 한 마리도 주신 일이 없습니다." '친밀감'과 동떨어진 '수지타산'이 느껴지지 않습니까? 쓰라린 상처와 원망의 표현들을 들어보십시오.

큰아들은 행복한 젊은이가 아니었습니다. 이기적인 욕구를 채우기 위해 유산을 모두 움켜쥐고 집을 나간 식구를 생각할 때마다 울화가 치밀고 어두운 감정들이 깃들었습니다. 금방 눈치 챘겠지만, 집을 지켰던 이 어른아이의 성실함이 백 퍼센트 순수했던 건 아니었습니다. 오히려 불순물이 가득했습니다. 입 밖에 내놓지 못한 속말, 아버지를 향한 독백이 들리는 듯합니다. "도대체 뭘 어쩌자고 그 한심한 자식에게 그처럼 엄청난 돈을 쥐어주셨습니까? 어쩌면 그렇게 오만하고 방자한 녀석이 원하는 대로 다 맞춰주실 수가 있습니까? 심지어 걔가 인생의 낙오자라는 걸 '인정하지도' 않으시잖아요! 놈이 방탕한 생활을 하는 데 온 재산을 탕진하는 동안 여기서 뼈가 으스러져라 일만 한 저에게는 고맙다는 생각이 눈곱만큼도 들지 않으세요? 아버지도, 다른 식구들도 왜 녀석한테는 아무것도 바라지 않으면서 나한테만 성실하라고 요구하는 겁니까?"

이 대목에서 작은아들이 얼마나 확실하게 빗나갔는지 살펴보는 게 좋겠습니다. 젊은이는 집을 나가서 탐욕과 욕정을 좇는 방

> 누구도 가족을 선택할 수는 없습니다. 여러분이 나머지 식구들에게 그러하듯, 가족이란 하나님이 여러분에게 주신 선물입니다. 가족을 선택할 수 있었더라면 지금과는 다른 형제자매를 선택했을지도 모를 일입니다. 다행인지 불행인지, 인간은 그럴 수 없습니다. 우리에겐 그들이, 그들에게는 우리가 있습니다. 설령 형제가 마음에 들지 않는다 하더라도 내버릴 수 없습니다. … 상상이 가십니까? 좋든 싫든, 우리가 한 가족의 구성원이라는 사실을 받아들인다면 세상이 어떻게 달라질까요?
> 
> 데즈먼드 투투
> 《하나님에겐 꿈이 있다》

탕한 삶을 살고 싶은 욕망을 노골적으로 드러냅니다. 결국 여자를 사고 도박판을 벌이면서 자신을 포함한 전 재산을 날려버리고 말았습니다. 작은아들은 집을 나가는 순간부터 자신이 곁길로 새나갔다는 걸 알고 있었습니다. 그건 세상이 다 아는 일이었습니다. 마침내 집으로 돌아가겠다는 결정을 내렸을 때도 그 뜻을 공공연히 드러냈습니다. 자신이 내렸던 결정을 조금도 부끄러워하지 않는 것처럼 보입니다. 음탕한 생활을 숨기려는 기색조차 찾아볼 수 없습니다. 가족의 체면이나 집안의 명예 따위는 작은아들의 주요 관심사가 아니었습니다.

반면에 언뜻 의로워 보이는 큰아들의 이야기도 평화로운 분위기는 절대 아닙니다. 그렇습니다. 순종적이지만 입을 꾹 다물고는 돌출행동을 간신히 누르고 있을 따름입니다. 아버지와는 거의 교감하지 않습니다. 부자관계가 자유롭거나 물 흐르듯 자연스럽지 않고 진정한 안전감도 엿보이지 않습니다. 맏이가 동생에 관해 이야기하는 걸 잘 들어보십시오. "창녀들과 어울려서 아버지의 재산을 다 삼켜버린 이 아들"이라고 말합니다. '내 동생'이 아니라 '아버지의 아들'입니다.

아버지는 대답합니다. "너의 이 아우는 죽었다가 살아났고, 내가 잃었다가 되찾았으니."

큰아들이 쏟아낸 원망의 특징은 어떤 식으로든 동생과 연관되지 않기를 바란다는 점입니다. 심지어 혈육으로도, 함께 자라고 놀고 중요한 경험을 공유한 인물로도 받아들이지 않았습니다. 그럴 뜻은 눈곱만큼도 없었습니다. 마음속에는 분노와 정죄의 불길이 이글이글 타오르고 있었습니다. "아버지의 저 아들은 이만저만 했지만, 난 그러지 않았습니다. 아버지는 저 친구를 위해 큰 잔치를 열고 수많은 손님을 초대했지만 나는 집 안팎의 온갖 어려운 일들을 해내느라 정신이 없었습니다. 다른 형제자매들은 식구들이나 친구들까지 데리고 파티에 참석해서 신나는 하루를 보내겠지요. 그만한 연회를 열려면 내가 얼마나 많은 수고를 해야 하는지 따위에는 신경도 쓰지 않을 겁니다. 한바탕 놀고 난 뒤에는 난장판이 된 집안을 치우지도 않고 가버리겠지요. 결국 내가 나서서 뒷정리를 하게 될 테고요. 그게 내 일이니까요."

아버지는 큰아들의 마음에 들어앉은 악에 악으로 반응하지 않습니다. 도리어 오랜 세월 함께해온 동업자의 입장에서 접근합니다. 노인은 맏이에게 말합니다. "내가 가진 모든 것은 다 네 것이 아니냐?" 경이로울 만큼 놀라운 친밀감입니다. 아버지 쪽에서 큰아들에게 애정과 감사를 전하고 있는 겁니다.

물론, 아직 한창 나이였을 큰아들에게는 집에 머문다는 게 쉬운

아버지가 벅찬 기쁨으로 작은아들을 맞아들이는
무대 한쪽 구석에 서 있는 큰아들을 그릴 당시, 렘브란트는 그 깊고
오묘한 뜻을 정확히 파악하고 있었습니다. 작가는 잔치 분위기를 표현하는 데
악사와 무희들을 등장시키지 않았습니다. 그런 인물들은 아버지의
기쁨을 드러내는 외적인 부호에 불과합니다. … 대신 화가는 빛,
아버지와 아들을 모두 감싸고 있는 눈부신 광채를 그렸습니다.
렘브란트가 묘사하려 했던 건 하나님의 집에 속한 기쁨이었기 때문입니다.
… 큰아들은 사랑의 동심원 바깥에 머물며 빛 가운데로 들어오길 마다합니다.
맏이의 얼굴에도 광선이 드리운 걸 보면 그 역시 광선의 영역으로
초대를 받았지만 완강히 거부하고 있는 것이 분명합니다.

-

헨리 나우웬
《탕자의 귀향 The Return of the Prodigal Son》

노릇이 아니었겠지만, 그건 아버지를 도와서 집안의 크고 작은 일들을 처리하는 일종의 파트너가 될 기회이기도 했습니다. 부자지간이라 해도 분명히 뜻이 맞지 않는 부분이 있었을 겁니다. 인생사가 다 그렇지만, 그 역시 간단한 문제가 아니었습니다. 하지만 그 동반자 관계에는 성장과 만족을 동시에 줄 수 있는 잠재력이 있었습니다. 그러나 큰아들은 아버지의 파트너가 되는 특권을 바라보는 대신 엉뚱한 데 한눈을 팔았으며 분한 마음을 품었습니다. 집안에서도 특별한 존재로 자리를 잡지 못하고 점점 겉돌게 되었습니다. 그런 판국이니 동생이 돌아온 게 반가울 리가 없었습니다.

원한은 이 시대의 가장 보편적인 죄악 가운데 하나입니다. 현대사회 구석구석까지 스며들지 않은 데가 없을 정도입니다. 분하고 억울한 감정은 몹시 치명적이고 이루 말할 수 없을 만큼 파괴적이며 세상 누구도 거기서 자유롭지 못합니다.

잘 아는 분 가운데 제자들을 가르치면서 뛰어난 성과를 올리고 있는 정말 훌륭한 선생님이 있습니다. 경험이 많고 헌신적인, 그야말로 탁월한 교사였습니다. 하지만 어떤 모임이든 동료들과 어울리기만 하면 늘 분주하게 움직이며 다른 이들을 섬기고 안팎의 자질구레한 일들을 도맡아하곤 했습니다. 누가 봐도 남들과 동등한 위치에 서서 편안하게 즐기지 못하는 게 분명했습니다. 사사롭고 편안한 만

〈팬케이크를 굽는 여인〉, 1635, 동판화

남을 서둘러 처리해버려야 할 일거리쯤으로 바꿔놓은 겁니다. 옷을 받아 걸어주고, 먹고 마실 걸 일일이 챙기고, 주변을 깔끔하게 정리하며, 설거지를 하는 따위의 잔심부름을 하느라 종종걸음을 칠 뿐, 느긋하게 어울리거나 신나게 즐기지 못했습니다. 동료들의 평가는 칭찬 일색이었습니다. "요즘 보기 드문 여성이죠. 항상 자기를 희생하고 무슨 일이든 척척 해내요!" 그러나 그런 인정은 도리어 상황을 심각하게 만드는 요인으로 작용했습니다. 다른 이들과 동등하다고 느끼지 못하는 데서 나온, 어쩌면 마음속 깊은 곳에 자리 잡은 원한에서 비롯되었을지도 모르는 행동을 칭찬해줌으로써 문제를 자각하지 못하게 만들기 때문입니다.

원망과 분노라는 독소는 성실하고 선량하며 순종적이고 열심히 일하는 이들의 마음에 뿌리를 내리고 막대한 피해를 입힙니다. 혹시 원한이 스며들지 않았는지 늘 경계하고 반성하는 게 중요한 까닭이 여기에 있습니다. 사랑하는 사람들을 위해 최선을 다하고, 열성적으로 섬기며, 객관적으로 칭찬받을 만한 미덕을 두루 갖춘 이들조차도 마음속 깊은 곳에 둥지를 튼 분하고 억울한 감정을 쉬 털어내지 못할 때가 있습니다.

누구나 분노를 느낍니다. 분노는 구체적이고 실제적입니다. 인간에게는 원한을 간단하게 잠재울 능력이 없습니다. 원망은 마음의 빈

자리를 꼬리를 물고 커져가는 괴로움으로 가득 채웁니다. 그렇다면 분노를 어떻게 처리해야 할까요? 심리학자들은 분노를 의식하고 실체를 파악하며 과감히 쏟아내면 영향력이 상당 부분 줄어든다고 말합니다. 분노와 '더불어' 산다고 생각하고 화가 나게 만든 요인을 추적하며 상처를 준 상대와 대놓고 싸우라고 권합니다. "제길! 당신 때문에 화가 나서 못 살겠어! 까놓고 얘기해보자고. 서로 할 말을 하도록 도와줄 사람을 부르는 게 어때? 성질이 나서 미칠 것 같은 마음을 어떻게 처리해야 나도 당신도 잘 살 수 있을지 방법을 찾아보는 게 좋겠어!" 원한이 마음에 단단히 진지를 구축하지 못하도록 막으려면 이런 행동방식이 반드시 필요합니다.

경건하게 산답시고 분노의 감정을 집어삼킨 채 드러내지 않으면 원망이 시작됩니다. 화가 나지만 사소한 일이라 접어두고 지나가는 경우가 얼마나 많은지 모릅니다. 하지만 관리되지 않은 분노는 시간이 지날수록 관계나 상황 속에 차곡차곡 쌓여서 언제 폭발할지 모르는 상태가 됩니다. 부정적인 감정들을 발산하지 않고 꾸준히 들이마시면 언젠가는 내면세계에 가득 퍼져서 사랑을 토대로 관계를 맺어가는 능력을 크게 떨어트리는 요인이 됩니다. 분노는 뜨겁고 맹렬한 단계를

> 소속감은 누군가를 사랑하고 받아들이는 데 대단히 중요한 역할을 하지만, 동시에 분노, 질투, 폭력, 비협력 따위의 문제를 일으킬 수도 있다.
>
> — 장 바니에
> 《인간되기》

〈서 있는 남자〉, 1639, 소묘

지나서 차츰 차가워져서 마음의 맨 밑바닥으로 내려갑니다. 그런 상태로 오랜 시간이 지나면 원한과 원망이 존재 방식으로 정착됩니다.

원한은 차가운 분노입니다. 정말 그렇습니다. 명백하게 드러나는 게 아니라 지극히 은밀하고 내면적이어서 더욱 까다롭습니다. 거룩한 모습으로 드러날 가능성이 높기에 훨씬 치명적일 수 있습니다. 원한은 마음속 가장 깊은 곳에 은신하며 뼈와 살을 파고들므로 존재를 감지해내기가 여간 어려운 게 아닙니다. 스스로는 신실하고 선하다고 생각할지 모르지만 사실 대놓고 엇나가는 이들보다 더 교묘한 방식으로 바른 길에서 벗어나 있는 겁니다.

탕자의 비유에서 작은아들은 집을 뛰쳐나가 어리석은 짓을 저지르다 돌아왔습니다. 동선이 적나라하게 드러납니다. 그러나 원한에 찬 큰아들은 아버지 곁에 그대로 머물러 있었습니다. 그러니 그 속내를 어떻게 알 수 있겠습니까? 원한을 치유하는 건 방탕한 삶을 바로잡는 것보다 훨씬 어렵습니다.

맏아들이 생활 형편과 관련해서 보이는 반응을 보면 중요한 사실을 알 수 있습니다. 부족한 것 없이 살며 농장 관리자로서 안정된 미래를 보장받았지만 큰아들에게서는 감사하는 마음을 찾아볼 수가 없습니다. 근본적으로 좌절과 분노에 사로잡힌 불행한 청년이었던 겁니다. 안전한 집안을 벗어난 바깥 세계에 대해 불안해하면서 다른 형제에게 모욕을 당한 이가 압바 시소에스를 찾아와서 말했다.
"형제한테 상처를 받았습니다. 앙갚음을 하고 싶습니다."
노인은 젊은이를 다독이려고 애쓰며 말했다.
"그러지 마시게, 친구여. 원수 갚는 일은 하나님께 모두 맡기게."
그러나 젊은이는 고집을 꺾지 않았다.
"기필코 내 손으로 되갚아주고 말겠습니다."
노인은 "기도하세, 형제여"라고 말하며 자리에서 일어났다.
"오, 하나님. 저희는 이제 더 이상 주님의 보살핌이 필요 없습니다.
손수 복수를 하기로 했기 때문입니다."
이 말을 들은 젊은이는 얼른 노인의 발아래 엎드려 고백했다.
"이제 형제와 다투지 않겠습니다. 용서해주십시오, 압바."

-

유시 노무라
《사막의 지혜 Desert Wisdom》

도 그 사실을 전혀 깨닫지 못했습니다. 거칠게 내뱉는 원망을 들어 보면, 겁이 나서 차마 아버지의 면전에 대고 세상을 두루 돌아다니며 구경하고 싶으니 비용을 달라고 말하지 못하는 자신의 모습을 눈곱만큼도 의식하지 못합니다. 집을 떠나지 않고 열심히 일하며 공손하게 처신하지만 자신의 행동에 진심이 빠져 있다는 것도 전혀 몰랐습니다. 어쩌면 냉랭한 미소로 말과 행동에 서린 깊은 분노를 감추고 있는 속내를 누구나 다 아는데, 정작 본인만 무감각했을지도 모릅니다.

이처럼 비유에서 객관적으로 선한 일을 해서 많은 존경을 받았던 인물, '못된 아들'과 비교되며 '착한 아들'로 칭찬받았던 인물, 집에 남아서 열심히 일하고 나이든 아버지에게 효성스러웠던 인물, 신실했던 큰아들 역시 사실상 길을 잃고 방황하는 인간에 지나지 않았습니다. 집을 뛰쳐나가서 아버지의 유산을 탕진했던 둘째와 다를 게 없었다는 뜻입니다. 하지만 큰아들의 탈선은 작은아들의 경우와 판이하며 무척 복잡합니다. 탕자는 방탕한 삶을 살았던 반면, 맏이는 원한에 사로잡혀 정서적으로 집에서 멀리 떠나가고 말았습니다.

큰아들이 집으로 돌아온다면 어떤 모습일까요? 정서적인 어려움을 딛고 일어나서 "늘 아버지에게 순종하고 그 말씀을 귀 기울여 들었습니다. 단 한 번도 어른의 뜻을 거스른 적이 없어서 참 기뻐요.

더 이상 분리된 삶을 살지 않겠다는 용기는 어떻게 생기는 걸까?
… 로자 파크스의 이야기를 들여다보면 아주 멋진 단서를 얻을 수 있다.
버스 앞자리에 앉고 얼마나 지났을까, 경찰관이 올라와서 말했다.
"거기 계속 앉아 있으면 감옥에 집어넣을 수밖에 없소!"
로자 파크스는 대답했다. "그러세요." 아주 공손한 말투였다.
"스스로 만든 감옥에 갇혀 40년이 넘도록 고생했어요.
더는 인종차별제도에 힘을 보태지 않기로 작정하고
지금 막 거기서 빠져나온 길입니다. 거기에 비하면 벽돌과
철조망으로 만든 댁들의 감옥 따위가 뭐 그리 대단하겠습니까?"

파커 J. 파머
《삶이 내게 말을 걸어올 때 *Let Your Life Speak*》

〈세 그루의 나무〉, 1643, 동판화

물론 힘들었지만 많이 배웠습니다. 그리고 아버지와 함께 했던 일들이 얼마나 유익하고 생산적이었는지 잘 알아요"라고 고백했더라면 어땠을까요? 그랬더라면 삶을 대하는 자세가 얼마나 달라졌을까 상상해봅니다. 이야기가 끝나는 순간까지도 큰아들은 화가 잔뜩 난 상태였던 걸로 보이지만, 그럼에도 집으로 돌아올 수 있는 가능성은 큰아들에게도 여전히 열려 있습니다.

### ❋ 귀를 기울이십시오

조용한 데 자리를 잡으십시오. 안팎의 소음을 내쉬고 대신에 안팎의 침묵을 들이마시십시오. 비유에 등장하는 큰아들에게 차츰 깊이 집중하십시오. 마음에 떠오르는 생각들을 하나씩 살피십시오. 맏이의 말과 침묵은 무얼 가르쳐줍니까? 젊은이의 심중에 있었던 쓰라린 상처가 여러분의 마음을 건드리지는 않는지 돌아보십시오. 큰아들과 대화하면서 그 생각과 감정을 헤아리십시오. 여러분과 그 친구에게 비슷한 점은 없는지 열린 자세로 점검하십시오.

### ❋ 일기를 쓰십시오

렘브란트의 그림을 면밀히 관찰하면서 다른 등장인물들과 큰아들 사이에 어떤 차이점이 있는지 찾아보십시오. 잠시 멈추고 기다리십시오. 이번 장의 내용으로 다시 돌아가서 현장에 서 있는 큰아들에게서 얻을 수 있는 다른 가르침은 없는지 되새김질하며 목록을 작성해보십시오. 마음속 지극히 은밀한 자리에 서서 그 가르침들을 하나씩 다시 읽으십시오. 큰아들이라는 거울에 비친 자신의 특성들을 떠오르는 대로 적으십시오. 가면을 벗어놓고 솔직하고 과감하게 여러분의 실체를 보여주는 진실을 직시하십시오. 무엇이 보이고 어떤 느낌이 드는지 기록하십시오.

### ✻ 묵상하십시오

자신을 하나님께 내어맡기십시오. 일기에 적은 내용들을 또박또박 사랑의 주님께 말씀드리십시오. 목록에 적힌 내용들을 하나씩 하나씩 여러분을 단단히 붙잡아주시는 분의 손에 올려놓으십시오. 자신에 대해 깨닫게 하시고 그럼에도 아무 대가 없이 사랑해주셔서 감사하다는 기도를 드리십시오. 독선과 정죄에 사로잡힌 채 눈에 보이지 않는 귀양살이를 하고 있는 현실을 꿰뚫어볼 힘을 주시길 간구하십시오. 지혜와 용기를 구하십시오. 응답을 기다리십시오.

마음에서 마음으로 대화하십시오.

> 영적으로든 생물학적으로든 쉬는 시간은 반드시 필요하다. 가만히 멈춰 있는 시기가 없으면, 삶의 에너지가 떨어지고 교란되게 마련이다.
> ─ 웨인 멀러
> 《휴》

영혼의 순례에 나선 이들을 위한 지혜 훈련

네 번째

# 나와 다른 이들을 사랑하십시오

원망과 원한에 눈이 멀어 동생에게서 어떤 동질성도 발견하지 못한 큰아들은 몹시 분개해서 아버지에게 말했습니다. "아버지의 재산을 다 삼켜버린 이 아들…." 사랑이 넘치는 아버지는 꾸짖거나 정죄하지 않고 맏이에게 동생과 끊을 수 없는 상관관계가 있음을 일깨웁니다.

너의 이 아우는 … 내가 잃었다가 되찾았으니….

하나님의 음성이 귓가를 울리는 듯합니다. 하나님의 사랑스러운 자녀로서 친구에게는 호의적으로 대하고 '원수'에게는 차갑게 등을 돌리는 짓을 그만둘 때가 됐다는 메시지입니다. 이제는 나 또한 집을 떠나 부끄러운 짓을 서슴지 않는 자녀라는 의식의 자리에 서서 여러 진실한 형제자매들을 바라보고 싶습니다. 비유에 나타난 아버지의 모습에 이르기까지 자라나기를 원합니다.

  예수님은 산상설교에서 "너희 원수를 사랑하라"고 말씀하셨습니다. 이성적으로는 말이 안 되는 얘깁니다. 원수란 '사랑하지 않는, 사랑할 수 없는' 상대를 가리키기 때문입니다. 그러나 주님은 말로만 이 진리를 설파하신 게 아니라 친히 삶으로 보여주셨습니다. 그리스도의 제자로서 크리스천들은 그분의 가르침을 좇으며 자신을 남보다 더 나을 것도 모자랄 것도 없는, 같은 인간 가족의 형제자매로 볼 필요가 있습니다. 예수님의 삶을 자세히 되짚어보십시오. 불편한 관계에 관해 주님이 주신 가르침을 받아들이십시오.

  너희를 미워하는 사람들에게 잘 해주고,
  너희를 저주하는 사람을 축복하고,
  너희를 모욕하는 사람을 위하여 기도하여라.

  너희는 남에게 대접을 받고자 하는 대로 남을 대접하여라.
  너희가 너희를 사랑하는 사람만 사랑하면,
  그것이 너희에게 무슨 장한 일이 되겠느냐?

죄인들도 자기네를 사랑하는 사람들을 사랑한다.

그러나 너희는 너희 원수를 사랑하고, 좋게 대하여 주고,
또 아무것도 바라지 말고 꾸어주어라.
그러면 너희는 큰 상을 받을 것이요.
너희는 가장 높으신 분의 자녀가 될 것이다.
그분은 은혜를 모르는 자들과 악한 자들에게도 인자하시기 때문이다.

_ 누가복음 6장

## The Hidden Exile of Resentment
## 5
## 눈에 보이지 않는
## 귀양살이

언젠가 비유에 관해 친구와 대화를 나누면서, 헌신된 삶에서 벗어나서 방탕한 삶으로 달아나고 싶은 마음이 못 견딜 만큼 간절해질 때가 있다는 소리를 했습니다. 내 얼굴을 아는 이 세계를 벗어나 뭐든지 내키는 대로 할 수 있는 먼 나라에 가 살면 좋겠다는 얘기였습니다.

친구는 한없이 안타까운 눈길로 바라보며 말했습니다. "음, 그러니까 비유를 기준으로 얘기하자면, 신부님은 스스로 집에서 뛰쳐나간 탕자와 똑같은 문제를 가지고 있다고 생각하는 것 같군요. 하지만 지금 여기 앉아서 하시는 말씀을 가만히 들어보니, 혹시 작은아들보다 큰아들과 더 비슷한 게 아닌가 하는 의구심이 듭니다." 충격적이었습니다. 그동안 탕자의 비유를 수없이 읽었지만, 단 한 번도 큰아들에게 주목하지 않았으며 나와 비슷한 구석이 있을지 모른다고 생각한 적도 없었습니다. 하지만 친구의 말을 듣는 순간 의식의 문이 활짝 열렸습니다. 순종적이고 효성스러우며 한

> 사막의 수사 압바 쾨멘이 말했다.
> "겉으로는 침묵을 지키지만 속으로는 남을 비난하는 사람들이 있다. 그런 이들은 사실상 쉴 새 없이 혀를 놀리고 있는 셈이다."
>
> — 유시 노무라
> 《사막의 지혜》

집안의 장남이라는 관점에서 이전과는 전혀 다른 차원의 문제들을 접하게 된 겁니다. 비유 속 큰아들을 찾아가는 과정은 한 가정에서 태어나고 성장한 내 삶과 연결 짓는 계기가 되었을 뿐 아니라 새롭고 중요하며 고통스러운 기억들을 다시 떠올리게 했습니다.

아버지의 형제자매는 모두 열한 명이었는데, 고모 한 명만 빼고 나머지는 모두 결혼해서 가정을 이루었습니다. 그 시절에는 시집가지 않고 집에 남은 딸에게는 알게 모르게 시시콜콜한 일들로 많은 부담을 지우는 게 일반적이었습니다. 지금도 인생의 대부분을 늙은 어머니를 봉양하는 데 바쳤다고 한탄하는 고모의 목소리가 생생히 기억납니다. 그건 참으로 칭찬받을 만한 일이었습니다. 하지만 그 어른이 즐겁게 살았던 것처럼 보이지는 않습니다. 고모는 대단히 지적이고 표현력이 좋은 여성이었습니다. 속상해 할 이유가 한둘이 아니었겠지만 분노를 안으로 삼키고 또 삼킨 탓에 세월이 흐를수록 점

점 더 그 감정에 단단히 사로잡혔던 것 같습니다. 겉으로 드러내지 않으려고 안간힘을 썼지만 누가 봐도 행복한 모습은 아니었습니다. 당시에는 자신을 표현한다든지 외로운 여정에 도움을 받을 길이 전혀 없었으므로 차츰 원한이 쌓여갔습니다. 다들 그런 정황을 알고는 있었지만, 누구도 물어보거나 감정을 쏟아낼 통로를 열어주지 않았습니다. "맞아, 이용당하고 학대받는다는 느낌이 들어. 아니, 미칠 것처럼 화가 나. 다들 바쁘게 무언가를 이루며 살지. 내가 하는 말 따위에는 조금도 신경 쓰지 않아. 내 삶이 얼마나 고달픈지, 내가 얼마나 피곤한지 한 번이라도 생각해본 적 있어? 사생활도 없고 나만의 인생도 없을 거란 생각, 안 해봤겠지? 그러니 내가 얼마나 지치고, 속상하고, 기운 빠지고, 화가 나는지 알 리가 있나."

사실 고모는 대단히 너그러운 사람이었지만 희생이 너무 커서 결국 내면에 뿌리 내린 원한으로 몹시 괴로워했습니다. 달리 방도가 없었으므로 할머니가 세상을 떠날 때까지 삶 전체를 바치다시피 했습니다. 어려서는 집안 어른들이 "무슨 일이든 척척 해내는 클라라 고모를 좀 봐라. 정말 대단하지 않니?"라고 말하는 걸 자주 들을 수 있었습니다. 고모는 식구들의 기대를 완벽하게 채워주었지만 제 몫으로 주어진 삶에 대해서는 절망감과 소외감을 느끼고 있었습니다. 그녀에겐 자유가 없었습니다. 자유의 결핍과 이용당하고 있다는 느

〈걸음마를 가르치는 두 여인〉, 1632, 소묘

껌을 해소할 수 있도록 도와줄 손길을 만나지도 못했습니다. 한때는 나 역시 그 어른을 대단찮게 여겼지만, 지금에 와서 고모라는 한 인간과 그분이 할머니와 더불어 살았던 세월을 돌이켜 생각하면 한없이 가여운 마음이 듭니다.

> 공중그네 팀의 예술적인 솜씨는 순간적이고 위태로운 멋을 빚어내기 위해 서로 협력하려는 노력에서 비롯된다. 폭력이 아니라 위험을, 정복이 아니라 용기를, 경쟁이 아니라 탁월함을 추구하려는 의지를, 승리가 아니라 성취의 기쁨을 의식하는 것이다.
> — 샘 킨
> 《나는 법 배우기Learning to Fly》

뿐만 아니라, 탕자의 비유에 나오는 큰아들에게서와 마찬가지로 고모에게서도 내 모습을 봅니다. 오랜 세월에 걸쳐 내 안에 원한이 축적되어온 과정을 누구보다 내가 잘 알고 있기 때문입니다. 나는 집안의 맏이였습니다. 대학에 들어간 뒤부터, 특히 아버지와의 관계에서 쌓인 원한이 마음 한 구석에 자리를 잡지 않았나 싶습니다. 아버지는 법학교수가 되면서 만년에 삶의 목표를 이룬 분이었습니다. 당시로서는 대단치 않은 가문 출신으로 그만한 명성을 쌓는다는 건 몹시 드문 일이었습니다. 그만큼 명석하고 경쟁 사회에 잘 적응할 능력이 있었다는 뜻일 겁니다. 자연스럽게 내게도 한 집안의 장남으로서 최소한 아버지만큼은 출세해야 한다는 의식이 뿌리를 내렸습니다. 억지로 머리에 집어넣은 게 아니라 저절로 그렇게 된 것 같습니다. 그렇게 해서 평생에 걸친 경쟁이 시작되었습니다. 경력을 쌓는 문제라고 해서 예외가 될 수는 없었습니다. 목회에 필요한 준비에 나서기가 무섭게 아버지는 신학서적을 읽어댔습니다. 이어서 심리학 공부에 뛰어들자 아버지도 곧바로 관련 분야를 파고들기 시작했습니다. 어쩐지 불신과 도전을 받는다는 느낌이 들었습니다. 결정적인 순간에 확실한 한 방을 날리기 위해 경쟁하려는 것이라고 믿었습니다. 아버지는 자식 사랑이 대단한 분이었지만, 다른 한편으로는 입버릇처럼 "진즉에 너한테 알려줬어야 했는데!"라고 얘기하곤 했습니다. 유독 나와 대화할 때만 그런 표현을 쓴다는 생각을 하면 마음이 내려앉았습니다. 사실 동생들과 이야기하는 동안에는 그러지 않았기 때문입니다. 너무 화가 났지만 속으로 집어삼키고 아무한테도 털어놓지 않았습니다. 이제는 편안하게 고백할 수 있지만, 그 시절에는 왠지 그러지 말아야 할 것 같아서 혼자서만 끙끙 앓았습니다. 물론 그 고민이 의식세계를 완전히 장악할 정도는 아니었지만, 부자관계가 자유롭거나 물 흐르듯 자연스럽지 못했던 건 확실합니다. 되짚어보면 내 안에 원한이 자리 잡고 있었구나 싶습니다.

어려서부터 내 마음은 끊임없이 친밀감을 갈구했으며, 친밀감을 얻으려면 열심히 노력해야 한다고 믿고 살았습니다. 한없이 누리고 싶은 걸 충분히 얻지 못한 탓에, 살아가는 데 꼭 필요한 사랑을 받기에 적합한 존재임을 스스로 증명하기 위해 그야말로 안간힘을 썼습니다. 그러기에 어느 면으로든 인정을 받으려고 부지런히 일했던 큰아들의 경험에 그 누구보다도 깊이 공감할 수 있습니다.

　마침내 집을 떠나야 하는 때가 닥쳤을 때는 행복한 심정으로 짐을 꾸렸습니다. 그러나 한편으로는 앞으로도 남은 식구들과 연결된 끈을 단단히 붙잡고, 아버지 어머니의 기대에 부응하며, 가족을 그 무엇보다 소중히 여겨야겠다는 각오를 다졌습니다. 올바른 방향을 선택하기로 작정한 셈이지만, 다른 한쪽으로는 그 덕에 '원한의 정서'를 더 깊이 이해할 수 있게 되었습니다. 아우들은 전혀 다른 길을 걸었습니다. 집을 떠나서 훨씬 큰 자유를 누리며 저마다의 목표를 추구했습니다. 그러다가 동생 하나가 감당할 수 없을 만큼 심각한 위기 상황에 몰렸는데, 나로서는 감히 꿈조차 꿀 수 없는 일을 저질렀습니다. 아버지의 눈앞에다 무거운 짐들을 통째로 내려놓았던 겁니다. 지금도 아우가 그야말로 모든 걸, 최악의 사태에 대한 충격적인 사실들을 낱낱이 고백하던 게 생각납니다. 그리고 나서 두 부자는 한 자리에 나란히 앉았습니다. 마치 한 배에서 난 형제처럼 친해 보였습니다. 서로 깊이 사랑하는 걸 한눈에 알 수 있었습니다. 아버지의 말투에는 애정이 넘쳐흘렀고 자식과 경쟁하려는 기색은 보이지 않았습니다. 정말 눈곱만큼도 찾아볼 수 없었습니다. 그걸 지켜봐야 하는 게 얼마나 힘들었을지 짐작할 수 있으리라고 믿습니다. 하지만

어느 군인이 압바 미오스에게 정말 하나님이 죄인을
용서하시느냐고 물었다. 얼마쯤 대답을 이어가던 노인은 군인에게 물었다.
"여보게, 그대는 겉옷이 해지면 당장 내다버리는가?"
젊은이가 대답했다. "그렇지는 않지요. 잘 고쳐서 다시 입을 겁니다."
노인이 다시 말했다. "그렇군. 자네가 구멍 난 외투를 그렇게
애지중지할 정도인데, 하나님은 손수 지으신 인간들에게
얼마나 큰 사랑을 베푸시겠는가?"
-

유시 노무라
《사막의 지혜》

'경건한 크리스천'이었으므로 그 아픈 감정을 꿀꺽 집어삼키고 내색하지 않았습니다. 지금에서야 하는 말이지만, 그런 신앙에는 자유가 없었습니다. 사실 경건과 아무 상관이 없는 마음가짐이었습니다. 한없이 고통스러웠음에도 불구하고 남들 눈에 착하게 보이는 그 안전한 길, 그러나 편안하게 관계를 맺어가지 못하도록 제한하는 방식을 포기하지 않았습니다. 그뿐이 아니었습니다. 한결 자유롭게 행동하는 동생들의 능력을 한없이 부러워하고 또 쓰라려하는 감정은 형으로서 동생들과 관계를 맺는 방식에도 치명적인 영향을 주었습니다. 과거를 바꿀 수는 없겠지만, 이제는 저마다 다른 삶이 있음을 인정하고 존중하며 자유로운 마음으로 현재 함께 사는 가족들에게 반응할 수 있게 되었습니다.

이처럼 개인적인 몸부림을 소개하는 건 그저 한 집안의 맏아들로서 자신의 신분을 굳게 신뢰한다는 게 얼마나 힘든 노릇인지 잘 설명하려는 뜻입니다. 적지 않은 세월 동안, 열심히 노력해서 사랑을 얻어야 한다는 윤리관, 다시 말해서 남들 눈에 훌륭한 삶을 살아야 한다고 믿으며 살았습니다. 하지만 내가 꿈꾸던 삶의 모습은 끊임없이 도전을 받았습니다. 이상은 갈가리 찢겨나갔습니다. 마음속에서 불평하는 소리가 들리는 것 같았습니다. "어째서 안팎으로 말도 안 되는 일들만 줄줄이 일어나는 거야? 왜 꿈꾸는 대로 살 수가 없는 거지?" 개인적인 실패, 식구들에게 일어난 비극적인 사건들, 재정적인 어려움, 역사적인 재난, 정치적인 환멸 따위가 머릿속에 그리는 삶에 시시때때로 끼어들었고 그때마다 몹시 괴로웠습니다. 그렇게 넌더리나는 일들을 겪는 동안 꾸준히 분노를 집어삼켰습니다. 원한이 마음에 뿌리를 내릴 완벽한 토양을 제공한 셈입니다.

큰아들에게 초점을 맞춰보라고 조언해준 친구는 내 안에 맏이의 면모가 살아 숨 쉬고 있음을 깨닫게 해주었습니다. 진심으로 첫째아들의 경험을 이해하게 된 겁니다. 비유에 등장하는 맏아들은 아버지의 사랑을 열심히 노력해서 획득해야 할 선물로 생각했습니다. "지금껏 아버지를 위해 이러저러한 일을 해왔습니다. 그런데도 나를 인정해주시지 않았습니다. 수고한 대가로 아무것도 주신 적이 없습니다." 큰아들은 자신과 아버지 사이를 사장과 직원, 또는 주인과 노예의 관계로 보았습니다. 나 역시 그처럼 왜곡된 논리를 사실로 착각했습니다. 뒤틀린 생각과 행동으로 하늘 아버지의 마음을 상하게 하고 노기 어린 꾸짖음을 자극했습니다. "정말로 사소한 선물 따위로 내가 널 사랑한다는 사실을 증명해주길 바라는 거냐? 왜 나를 바라보지 않느냐? 네가 태어나기도 전에 너를 알아보고 뛸 듯이 기뻐했다는 걸 왜 못 믿느냐? 너를 내 핏줄로 인정하며, 속속들이 알고 있으며, 깊이 사랑한다는 걸 정말 모르겠느냐? 열심히 노력하든 안 주님, 생명을 허락하셔서서 지금껏 살아 있게 해주시니 감사합니다.
비유를 통해 가르쳐주시고 내 삶의 새로운 가능성에 눈 뜨게 해주셔서 감사합니다.
사랑의 성령님을 보내주시고 큰아들이 품고 있던 원한과
내 마음의 원망이 같은 부류임을 깨닫게 해주셔서 감사합니다.
독선과 판단하는 마음 탓에 만족을 누리지 못하는, 눈에 보이지 않는
귀양살이의 조짐들을 보여주십시오. 어떻게 분노와 두려움을 다스려야 하는지,
할 수 있는 일들을 주저 없이 심각하게 고려할 수 있도록 도와주십시오.
내 실체뿐만 아니라 모든 형제자매들을 사랑하고 받아들이는 일에
성숙해지기를 소원합니다. 하지만 지혜와 힘과 용기가 부족합니다.
내게 오셔서 가까이 계셔주십시오.

-

헨리 나우웬
라르쉬 데이브레이크 워크숍에서

하든, 집을 나가든 안 나가든, 노예처럼 고되게 일하든 안 하든 개의치 않고 한결같은 사랑을 베푼다는 걸 모르겠느냐? 너는 내 맏아들이므로 널 사랑한다. 조그만 잔칫상 따위를 노리고 점수를 따려 발버둥칠 필요가 없단다. 아들이 되려면 그만한 자격을 갖추어야 한다는 발상 자체가 나를 서글프게 하는구나. 너는 내 아들이고 난 너를 사랑한다. 그게 전부란다."

숨이 턱에 닿도록 열심히 노력해서 사랑을 얻어내야 한다는 게 워낙 야릇한 개념이라, 거기에 집착할수록 쓰라린 상처 없이 인생 여정을 계속 따라가기가 더 어려워졌습니다. 내 가치를 증명하기 위해 끊임없이 발버둥쳤습니다. "사람들이 나를 이렇게 대하는 까닭은 무엇일까?", "어떻게 해야 내가 사랑받기에 합당한 인물이라는 걸 더 분명하게 증명할 수 있을까?", 또는 "무슨 일을 더 잘해내야 이런 관계를 유지할 수 있을까?" 이런 의문들을 해소할 실마리를 찾아 헤매는 작업이 끝날 것 같지 않았습니다. 가치 있는 인물이 되려고 이렇게 몸부림치는데 어째서 세상은 그걸 알아주지 않는지 이해할 수 없었습니다.

비유 속 큰아들과 내가 다를 게 없다는 걸 알게 되면서 주요한 관계들을 통해 평등과 사랑, 우정 따위를 맛보려고 평생 열심히 뛰어다니는 것과 끊임없이 삶 속에 쏟아져 내리는 고마우신 은혜에 감격

〈베냐민을 돌보는 야곱〉, 1637, 동판화

해서 그분과 교제하며 살아가는 것 사이에는 영적으로 엄청난 차이가 있음을 깨달았습니다. 전자의 경우에는 특별히 노력하지 않아도 이미 사랑받을 만한 존재임을 받아들이지 않으므로 신뢰가 깨지고 마음이 차츰 무너져 내립니다. 그러나 후자는 어려움을 주께 더 의지하고 더 깊이 사랑할 기회로 삼아서 인간으로서의 됨됨이를 성숙하게 다듬어갑니다. 우리는 이 두 가지 관점에서 관계의 어려움에 대처할 수 있으며 두 가지 방향 가운데 어느 한 쪽을 선택해야 합니다. "하나님, 저를 좀 봐주세요. 제가 얼마나 열심히 주님을 위해 일하는지 알아주세요. 이래도 사랑 안 해주실래요?"라고 묻거나, "오, 사랑하는 창조주시여. 생명을 허락하시고 무조건적인 사랑을 베풀어주셔서 감사합니다. 주님의 너그러우심에 늘 감격하게 하시고 항상 저와 함께 계셔서 사랑할 힘을 주실 줄 믿습니다"라고 말씀드려야 합니다. 불공평한 대접의 희생자가 되든지, 아니면 고통을 추진력으로 삼아서 변화를 추구하든지 둘 중 하나입니다. 누구든 두 갈래 길 가운데 한쪽을 자유롭게 선택할 수 있지만, 그 결과에 따라 영적인 삶의 모습은 판이하게 갈라집니다. 고난 가운데도 어김없이 임하시는 사랑을 토대로 행동하는 길을 선택하면, 하나님의 사랑스러운 자녀라는 정체성에 깊이 뿌리를 내리게 됩니다. 태어나기 전부터 선택해주신 분의 첫 번째 사랑에 힘입어 점점 더 큰 자유와 친밀감

독서란 정보를 수집하고 새로운 통찰을 얻고 생소한 분야를
완전히 익히는 걸 의미할 때가 많다. 그렇게 책을 읽으면 학위를
취득하거나 전문가가 되거나 자격증을 얻을 수 있다.
그러나 영적인 독서는 다르다. 단순히 영적인 글을 읽을 뿐만 아니라
거룩한 문서를 신령한 방식으로 읽는 걸 말한다. … 거룩한 책은 영적으로
읽어야 마음을 열고 하나님의 음성을 들을 수 있다.
때로는 책을 내려놓고 그 말씀을 통해 하나님이 무슨 메시지를
전하려고 하시는지 귀를 기울일 필요가 있다.

-

헨리 나우웬
《영혼의 양식 *Bread for Journey*》

을 맛보는 길로 접어드는 겁니다.

이 글의 앞부분에서 영적인 삶에 있어서 첫 번째 사랑과 다른 모든 사랑의 차이점을 살펴보았습니다. 저는 영혼의 길을 걷는 동안 첫 번째 사랑을 얻는 쪽을 선택하기로 마음을 다잡곤 합니다. 첫 번째 사랑은 무슨 일을 하든지, 무얼 가졌든지, 남들이 어떻게 생각하는지와 상관없이 베풀어주시는 사랑입니다. 시간의 역사가 시작되기 전부터 아껴주신 하나님의 사랑스러운 아들, 그게 바로 저입니다. 이 진리를 부르짖는 게 요즘 온힘을 다하고 있는 내면의 사역이며, 그 덕분에 삶을 가로막는 장애물들을 전혀 새로운 관점에서 볼 수 있게 되었습니다. 이제는 저항을 이겨내고 다시 낡은 습관으로 끌어가지 않도록 끊임없이 노력하는 게 중요합니다. 시간을 내서 이 진리를 묵상하고, 자주 감사하고 간구하는 기도를 드리며, 헌신이 흔들리지 않게 붙들어주고 책임져줄 손길들을 꾸준히 찾는 까닭이 바로 여기에 있습니다.

### ※ 귀를 기울이십시오

크게 심호흡을 하면서 마음을 가라앉히십시오. 자신에게서 원한에 찬 큰아들의 모습을 찾아보십시오. 순종하는 착한 인간이 되려고 노력했던 일들을 돌아보십시오. 어떨 때 남들 앞에서 무력감을 느끼

> 쓰라린 일들을 경험하면서 분노를 누르고 억제된 열기를 에너지로 전환하는 법을 배웠다. 더할 나위 없이 소중한 공부를 한 셈이다. 이렇게 통제된 분노는 곧 세상을 움직이는 힘으로 작용한다.
> − 마하트마 간디

는지 마음의 소리를 들으십시오. 속상하게 만드는 권한을 누구에게 주었는지, 누가 여러분을 인질로 잡고 분노의 감정에 시달리게 하는지 철저히 가려내십시오. 움직이지 말고 귀를 기울이십시오. 중심에서 들리는 소리를 놓치지 마십시오. 자세히 들어보십시오. 내면 깊숙한 곳에서 "제발 그냥 아무개가 아니라 형제자매임을 믿어달라!"고 부르짖는 음성이 들리지 않습니까? 여러분이 인간 가족의 온전한 구성원이라고 말하는 그 진정한 외침을 받아들이십시오. 끊임없이 길을 찾아 헤매며 날마다 몸부림치는, 그리고 언젠가는 세상을 떠날 경이로운 동료 인간들 사이에서 여러분 역시 소중하며 가치 있는 한 구성원이라고 말하는 내면의 속삭임을 외면하지 마십시오.

### ※ 일기를 쓰십시오

귀를 기울이는 동안 마음에서 오간 대화를 기록하십시오. 여러분의 자아상을 망가뜨린 사람이나 사건들에 집중하십시오. 평생 지고 온 짐들을 마음껏 쏟아내십시오.

자신이 얼마나 놀라운 존재이며 또 얼마나 대단한 삶을 살고 있는지 진리에 근거해서 정확하게 적어보십시오. 마음속 지성소로 들어가서 어떻게 하면 열등감과 무력감을 떨쳐버리고 자신의 참모습을 찾을 수 있는지 물으십시오. 평생 여러분에게 쏟아 부어주신 놀라운 선물들에 감사하는 마음을 글로 옮기십시오. 마지막으로 여러분이 진정 아름다운 하나님의 자녀라는 진리 위에 우뚝 서고자 하는 마음을 표현하십시오.

### ✳ 묵상하십시오

지금 바로 이 자리에 함께하시는 거룩하신 하나님의 임재 앞에 나가십시오. 지금까지 듣고 적은 걸 모두 말씀드리십시오. "아버지와 내가 너를 찾아와서 네 마음을 집으로 삼을 것"이라고 약속하시는 예수님 말씀을 명심하게 해달라고 기도하십시오. 사랑이 많으신 하나님의 임재를 믿고, 평안히 교제하며, 그 거룩한 곳에서 비롯된 능력으로 살아갈 힘을 주시길 요청하십시오. 진심으로 말씀드리고 응답을 기다리십시오.

마음에서 마음으로 대화하십시오.

가장 높으신 분의 보호를 받으면서 사는 너는,
전능하신 분의 그늘 아래 머무를 것이다.
너는 주님께 고백하기를 "주님은 나의 피난처,
나의 요새, 내가 의지할 하나님"이라고 하였다.
정녕, 주님은 너를, 사냥꾼의 덫에서 빼내주시고,
죽을 질병에서 너를 건져주실 것이다.
주님이 그의 깃으로 너를 덮어주시고 너도 그의 날개 아래로 피할 것이니,
주의 진실하심이 너를 지켜주는 방패와 성벽이 될 것이다.
그러므로 너는 밤에 찾아드는 공포를 두려워하지 않고,
낮에 날아드는 화살을 무서워하지 않을 것이다.
흑암을 틈타서 퍼지는 염병과 백주에 덮치는 재앙도 두려워하지 말아라.
네 왼쪽에서 천 명이 넘어지고, 네 오른쪽에서 만 명이 쓰러져도,
네게는 재앙이 다가가지 못할 것이다.
오직 너는 눈으로 자세히 볼 것이니,
악인들이 보응을 받는 것을 보게 될 것이다.
네가 주님을 네 피난처로 삼았으니,
가장 높으신 분을 너의 거처로 삼았으니,
네게는 어떤 재앙도 내리지 않을 것이다.
네 장막에는, 어떤 재앙도 가까이하지 못할 것이다.

그가 천사들에게 명하셔서 네가 가는 길마다
너를 지키게 하실 것이니,
너의 발이 돌부리에 부딪히지 않게 천사들이
두 손으로 너를 붙들어줄 것이다.
네가 사자와 독사를 짓밟고 다니며,
사자 새끼와 살모사를 짓이기고 다닐 것이다.
그가 나를 간절히 열망하니, 내가 그를 건져주겠다.
그가 나의 이름을 알고 있으니, 내가 그를 높여주겠다.
그가 나를 부를 때에, 내가 응답하고,
그가 고난을 받을 때에, 내가 그와 함께 있겠다.
그를 건져 주고, 그를 영화롭게 하겠다.
나는 그가 마음껏 오래 살게 하고,
내 구원을 그에게 보여주겠다.

-
시편 91편

영혼의 순례에 나선 이들을 위한 지혜 훈련

다 섯 번 째

# 가난한 이들의 친구가 되십시오

비유에는 탕자를 바라보는 전혀 다른 두 가지 관점이 등장합니다. 큰아들은 펄펄뛰며 아우와 연결된 관계의 끈을 놓으려 합니다. 상한 마음을 가진 아버지는 작은아들이 돌아오리라는 소망을 결코 버리지 않습니다. 완전무결함을 꿈꾸는 큰아들은 동생의 실험이나 실패를 용납할 수 없었습니다. 삶의 경험이 더 풍부했던 아버지는 깊고 따뜻한 연민을 품고 인간의 고통에 담긴 수수께끼를 그냥 받아들입니다.

라르쉬 데이브레이크에서 지내면서, 처음에는 장애를 가진 친구들에게 시종일관 함께 움직이기를 강요하지 않는 환경이 참으로 마음에 들었습니다. 그런데 얼마 지나지 않아서 정상적인 생활이 불가능해졌습니다. 갑자기 몸에 문제가 생겨서 무엇 하나 제대로 할 수 없는 상태가 된 겁니다. 그때, 공동체의 가장 연약한 구성원들이 사랑을 담은 몸짓과 함께 진심어린 기도를 드려주었습니다. 몇몇은 내 어깨를 부드럽게 토닥이며 "걱정 마세요. 다 좋아질 거예요"라고 이야기해주었습니다. 가장 연약한 시기에 한없이 따듯한 사랑이 쏟아지는 걸 보면서 예수님 말씀의 참뜻을 깨달았습니다. "마음이 가난한 사람은 복이 있다."

두드러지게 소외당하고 있는 이들과 진실한 관계를 맺는 걸 영성 훈련의 한 방법으로 삼으십시오. 기이한 행동, 익숙하지 않은 유머, 또는 불편한 몸의 이면을 보고 서로 우정을 나누십시오. 두려움을 넘어서, 말뿐인 사랑을 넘어서, 관계를 좌지우지하려는 욕심을 넘어서 한 걸음 더 깊이 들어가십시오. '장애'라는 가름막을 젖히고 소중한 형제자매를 찾아내십시오. 그 특별한 친구들과 나누는 우정을 통해서, 여러분들 역시 생긴 그대로 참다운 사랑과 축복을 누리고 있음을 실감하고 깜짝 놀라게 될 것입니다.

## Homecoming to Gratitude
## 6
# 귀향,
# 감사라는 이름의 집으로

원한에서 탈피하려면 좀 더 긍정적이며 감사할 만한 무언가를 향해 나갈 필요가 있습니다. 어째서 그렇습니까? 감사는 원한과 대척점에 있으며, 사랑을 수고의 대가쯤으로 여기는 세계에서 떠나는 데 필요한 노잣돈이기 때문입니다.

예수님이 베드로에게 하신 말씀을 잘 들어보십시오. "내가 진정으로 진정으로 네게 말한다. 네가 젊어서는 스스로 띠를 띠고 네가 가고 싶은 곳을 다녔으나, 네가 늙어서는 남들이 너의 팔을 벌릴 것이고, 너를 묶어서 네가 바라지 않는 곳으로 끌고 갈 것이다"(요 21:18).

예수님의 도道는 심리학의 원리와 정반대입니다. 성장해서 어른이 되면 스스로 결정해서 자신의 길을 가고 마음대로 행동하되, 어려서는 남들에게 의존하며 무얼 해야 할지 지도를 받으라고 가르치는 것이 세상의 길입니다.

그러나 예수님은 새로운 길, 피상적인 삶의 방식과 전혀 다른 방향을 제시하십니다. 주님은 말씀하십니다. "영적으로 어린 상태일 때는 스스로 주도권을 쥐고 무얼 믿고 믿지 않을지 선택하게 마련이다. 그러나 영적으로 더 성장하고 성숙해지면, 주위에 있는 이들에게 자신을 맡기게 되므로 가고 싶지 않은 곳이라도 순순히 따라갈 수밖에 없을 것이다!" 예수님의 길은 거룩하신 분과 더 가까워지는 통로입니다. 하나님은 변함없이 무조건적인 사랑을 베푸셔서 가장 기본적이고 중요한 관계 속에서 성장하게 도와주실 뿐만 아니라, 인간 가족 내부의 견고한 울타리를 뛰어넘어 그 바깥에 있는 이들까지 존중하는 마음으로 보살필 만큼 성숙하게 하십니다. 주님은 "원수를 사랑하라"고 말씀하십니다. 그건 몹시 힘겨운 사랑입니다. 마음을 좀먹는 원한을 내려놓고 감사의 기쁨으로 돌아서는 사랑입니다. 식구나 동료, 친구를 통제하고 지배

> 현재 주어진 삶을 살며 감사하는 마음으로 무엇이든 하라. 첫 번째 원칙은 이처럼 간단하다. 안전해지려는 노력을 포기하라. 쓸데없는 노릇이다. 부유해지려는 욕망을 버려라. 품위를 떨어트릴 뿐이다. 여기저기 구원의 길을 물색하지 마라. 이기적인 짓이다. 감사하는 마음가짐을 가지고 주어진 삶에 참여하는 이들은 온전한 약속을 선물로 받게 마련이다.
> 그걸 확실히 믿는 이들은 편안한 쉼을 누릴 것이다.
> -
> 존 매쿼슨 II
> 《항상 다시 시작한다》

하려는 마음을 버리는 것이야말로 예수님의 표현대로 "길이요, 진리요, 생명"입니다. 주님은 사랑으로 도전하십니다. "누군가를, 또는 무슨 일인가를 마음대로 주무르고 좌지우지하려는 생각을 버리고 기꺼이 주도권을 내주고 이끄는 대로 따라가거라."

예수님은 관계의 안전지대를 벗어나라고 초대하십니다. 연약하고 의존적인 상태가 되어서 무조건적인 사랑을 베푸시는 분의 음성에 순종하라고 부르십니다. 감사하며 살아가는 동시에 같은 인간 가족에 속한 형제자매들과 긴밀한 유대를 맺으라는 뜻입니다. 자신과 전혀 다른 이들과 친밀하게 관계한다는 건 지극히 힘든 결단일 뿐만 아니라 참으로 멋진 사건이기도 합니다. 관계 속에서 지배권을 행사하는 대신 놀라운 사건들이 가득할 게 빤한 불확실한 미래를 향해 마음을 여는 일이기 때문입니다. 다른 이들과 연대하려면 태도를 바꾸고 차이를 받아들이며 겸손하게, 그리고 존중하며 살려는 씨름을 벌여야 합니다. 독선을 버리고 동등한 입장에서 관계를 맺어야 합니다.

그렇다면 누가 우리를 결박해서 사랑스러운 인간이 되는 길로 데려갈까요? 연인일 수도 있고, 배우자, 파트너, 자녀, 리더, 그리고 사회에서 소외된 사람들(그 역시 변화의 통로가 될 수 있습니다)일 수도 있습니다. 이들은 우리를 특별한 삶의 국면들로 이끌어갑니다. 저마다 아담은 한 지붕 아래 살았던 여러 친구들 가운데 하나였습니다.
… 자기 집, 그러니까 토론토에 있는 라르쉬 데이브레이크 공동체에 들어갔을 때,
누구보다도 먼저 도와줄 게 없는지 물었던 친구이기도 했습니다.
… 아담은 친구이자 선생이었고 안내자였습니다. 편치 않은 친구였습니다.
평범한 사람들처럼 애정과 사랑을 표현할 줄 몰랐기 때문입니다.
특이한 교사였습니다. 사상이나 개념들을 깊이 생각하거나 정리해서
전달할 능력이 없었기 때문입니다. 색다른 안내자였습니다.
정확한 방향을 짚어주거나 조언해주지 못했기 때문입니다.
… 그러나 아담의 죽음은 온 마음을 뒤흔들어놓았습니다.
어떤 책이나 교수보다도 더 확실하게 나를 예수님의 인격으로
이끌어준 친구였기 때문입니다.

-

헨리 나우웬
《아담Adam》

헌신의 포대기로 우리를 단단히 감싸 안고서 사랑받고자 하는 기대를 뛰어넘어 더 위대해지는 길, 친밀한 관계와 감사로 통하는 길로 끌어갑니다. 결혼생활은 멋진 선물이지만 삶을 녹여서 변화시키는 용광로이기도 합니다. 가족은 상처를 받아가면서도 서로에게 성실해야 합니다. 우정은 감정을 뛰어넘어 사랑할 수 있는 능력의 한계를 시험합니다. 세계적으로 주목을 끄는 큰 사건들은 분수에 넘치는 긍휼을 요구합니다. 죽음은 보고 느끼는 세계를 초월한 소망으로 우리를 초대합니다. 예수님은 몸소 세상에 오셔서 '아버지'라고 불렀던 분과 하나가 되어 감사의 길을 걸으셨습니다. 친히 고통 속에 들어가셨으며, 삶의 주도권을 넘기셨으며, 원수를 용서하는 좁은 길을 걸어 되돌아가셨습니다.

  예수님은 제자들에게 말씀하셨습니다. "너희들에게 성경의 시편과 예언서를 펼쳐서 온갖 싸움을 다하다가 고난을 받은 뒤에 마침내 영광에 들어가리라는 사실을 알려주겠다." 주님의 일생은 행동하고 통제하며 설교하고 교육하고 기적을 행하는 자리에서 모든 일이 자신에게 다 일어나도록 내어맡기는 고난의 자리로 옮겨가는 인생이었습니다. 체포되고, 매를 맞고, 침 뱉음을 당하고, 가시관을 쓰고, 십자가에 못 박히기까지, 그리스도는 그 무엇도 통제하려 들지 않았습니다. 스스로 무얼 해서가 아니라 모든 일이 자신에게 이뤄지게

〈초가집과 그림 그리는 남자〉, 1645, 동판화

허락하셨기에, 그 혹독한 고난을 다 받으셨기에 평생 그처럼 엄청난 역사를 이루셨던 겁니다. 행동은 지배하려는 욕구를 반영합니다. 반면에 수난은 자신을 비우고 남의 손에 맡겨서 하나님의 영광이 드러나게 합니다.

나처럼 큰아들과에 속하는 이들이 원한을 버리고 돌아서기가 작은아들식의 방탕한 삶에서 돌이키기보다 훨씬 힘들다는 건 분명한 사실입니다. 원한은 방종처럼 쉽게 눈에 띄지 않기 때문입니다. 심지어 원한에 잠겨 있으면서도 본래의 자리에서 벗어났다는 사실조차 파악하지 못하는 경우도 많습니다.

비유에 나오는 큰아들과 비슷한 모습을 가졌다는 걸 알게 되면서 속에 담아두었던 깊은 슬픔을 의식하게 되었으며, 마음을 지키는 돌담을 둘러치는 데 얼마나 오랜 세월을 낭비했는지 깨달았습니다. 완악한 심령을 가졌다는 자각이 드는 순간, 담장에서 돌멩이 하나가 빠져나가는 느낌이었습니다. 일단은 큰 상처를 받았으며, 곧 겁이 났고, 마침내 분통을 터트렸습니다. 참으로 힘겨운 씨름이었습니다. 더 속속들이 현실을 인식하는 한편, 가능한 한 두려움을 줄이려 노력했습니다. 의식적으로 전혀 다른 반응을 보이려고 애썼습니다. "겁내지 마! 돌멩이가 빠져나가게 내버려두고 도리어 감사하도록 해! 하나님을 믿고 안전지대 밖으로 발을 내디뎌! 용기를 내! 마음을 열고 마음 저 밑바닥에 있는 갈망을 인정해! 벽을 무너뜨려!"

이런 훈련은 안전감을 느끼게 해주기는커녕 도리어 위협적이었습니다. 하지만 어느덧 동굴 입구가 움푹 꺼지듯, 내 안에 커다란 구멍이 뚫렸습니다. 다른 이들을 궁금하게 여기고 받아들일 수 있는 통로가 생긴 겁니다. 비록 어설플지라도 가족과 공동체에 속한 사랑하는 식구들을 고마운 선물로 받아들이려고 노력하는 가운데 큰 힘과 기쁨을 얻었습니다. 거룩하신 사랑의 하나님이 내 마음에 속삭이시는 걸 감지할 수 있었습니다. "감사해라. 네 삶에 기쁨이 들어갈 더 큰 공간을 찾아내거라. 살면서 맞닥뜨리는 모든 걸 은혜로 인정하고 의식적으로 감사해라. 마음의 문을 열어라. 내가 네 돌 심장을 떼어 내고 살아 숨 쉬는 새 심장을 달아주마."

남들이 나와 동등해지는 기미만 있어도 불안해지는 두려움의 실체를 똑똑히 밝혀야 합니다. 스스로 얼마나 거만하고 독선적인 태도를 가졌는지 알아야 합니다. 분노, 풀리지 않는 갈등, 정서적으로 깊은 관계를 맺는 걸 꺼리는 자세, 사랑해야 할 이들을 용서하지 못하는 마음 따위를 똑바로 보아야 합니다. 이제는 그 모든 것들이 너무 선명하게 보여서 하나님의 도우심이 없이는 집으로 돌아갈 수가 없습니다. 분노와 질투, 다른 이들과 하나가 되면 자신을 잃어버리게 될지 모른다는 엄청난 두려움 없이 행동한다는 게 저로서는 무척 힘

슬픔이 들어갈 적절한 자리를 비워두지 않으면,
대부분의 공간을 미움과 복수심(다른 이들에게 또 다른 슬픔을 안겨주게 될)이
깃들 공간으로 남겨놓는다면, 슬픔은 결코 이 세상에서 사라지지 않으며
오히려 한없이 증폭될 것이다. 그러나 슬픔의 온건한 근원이
요구하는 대로 적절한 자리를 제공한다면, 진심으로 고백하게 될 것이다.
인생은 아름답고 풍성하다고. 너무도 멋지고 너무도 풍요로워서
하나님을 믿고 싶어질 것이다.

-

에티 힐레줌
《가로막힌 삶, 베스터보르크에서 온 편지》

들기 때문입니다. 감사하며 살기 위해서는 어려움을 누군가에게 이야기할 줄 알아야 합니다. 멘토에게 더 구체적으로 진실을 고백할 수 있어야 합니다. 혼자서 시간을 갖고 관계를 성찰하고 부족한 사랑을 하나님이 채워주시길 간구할 필요가 있습니다.

  마지막으로, 성경에서 한 가지 예를 더 들어보겠습니다. 똑같은 품삯을 받은 포도원 일꾼들의 비유를 잘 알고 계실 겁니다. 마태복음 20장 1-16절에 전문이 나와 있지만, 요약해서 소개하자면 이렇습니다.

> 어느 포도원 주인이 아침 일찍 나가서 사람들에게 공정한 임금을 줄 테니 그날 하루 동안 일해달라고 청했습니다. 일꾼들은 포도원으로 올라갔습니다.
>
> 주인은 그날 몇 차례 더 품꾼들을 뽑아 보내며 일한 만큼 적절한 대가를 치르겠다고 약속했습니다.
>
> 그날 저녁, 포도원 주인은 처음 고용된 이들부터 맨 마지막에 뽑은 일꾼까지 모두 똑같은 임금을 주었습니다.

솔직하게 말해서, 일꾼들을 대하는 주인의 태도는 참으로 받아들이기 어렵습니다. 이렇게 불공평한 경우가 있나 싶습니다. 가장 늦

게 와서 잠깐 일한 이들도 진종일 포도원에서 땀 흘렸던 품꾼들만큼 많은 돈을 받았습니다.

   그렇다하더라도, 주인의 처분을 바라보는 일꾼들, 그리고 오늘을 사는 우리들의 반응을 깊이 생각해보면 아주 흥미롭습니다. 우리는

〈길 가에 서 있는 남자가 있는 풍경〉, 1636, 소묘

분노를 느끼며 그걸 '정의'로 포장합니다. 포도원 주인은 최소한 아침에 올라온 일꾼들에게 먼저 임금을 주고 돌려보내서 마지막에 온 품꾼들이 어떤 대접을 받는지 볼 수 없도록 배려했어야 합니다. 하지만 그러지 않았습니다. 일찍부터 종일 일한 이들의 면전에서 마지

> 여전히 그 인식에서 도망치고 있다. 그 눈, 피할 길 없는 그 사랑에서 도망치고 있다. 당신의 뜻은 오직 사랑, 또 사랑이었는데 나는 그저 두려움, 그리고 고통을 느꼈을 따름이므로.
>
> ─ 애니 딜라드
> 《돌에게 말하는 법 가르치기
> Teaching a Stone to Talk》

막에 손을 보탠 이들에게 하루치 품삯을 지불했습니다. 그걸 지켜보던 이들은 더 많은 돈을 얹어줄 거라고 기대했지만 한 푼도 더 받지 못했습니다. 이만저만 불쾌한 일이 아닙니다. 주인의 처사는 일꾼뿐만 아니라 우리들의 정의감까지 짓밟습니다.

우리들의 반응은 아주 독특합니다. 똑같은 비유를 아버지와 여러 아들을 주인공으로 각색해봅시다.

여러 자식을 둔 아버지가 큰아들을 불러놓고 말합니다. "오늘 네가 나를 좀 거들어주면 좋겠다." 아들은 아버지를 위해 종일 열심히 일했습니다. 아버지는 조금 어린 둘째에게도 같은 일을 시켰고 곧이어 셋째도 불렀습니다. 오후 중반쯤에는 두 살짜리 아기를 빼놓고는 모든 아들이 똑같은 일에 매달렸습니다. 그리고 그날 저녁, 아버지는 자식들을 모두 불러 모으고는 상으로 용돈을 나눠주었습니다. 그리고 두 살짜리 막내도 빼놓지 않고 똑같은 삯을 주었습니다.

형제들 가운데 누구도 아버지가 불공평하다고 생각지 않았습니다. 젊은 친구들은 깔깔거리며 말합니다. "저 꼬맹이가 형들이랑 똑같은 용돈을 받다니, 재미있지 않아요?" 한번 곰곰이 되짚어볼 만한 얘기가 아닐까요? 아버지가 익살맞게도 갓난아이에 이르기까지 똑

"너희가 심판을 받지 않으려거든, 남을 심판하지 말아라.
너희가 남을 심판하는 그 심판으로 하나님께서 너희를 심판하실 것이요,
… 어찌하여 너는 남의 눈 속에 있는 티는 보면서,
네 눈 속에 있는 들보는 깨닫지 못하느냐? … 위선자야,
먼저 네 눈에서 들보를 빼내어라. 그래야 그때에 네 눈이 잘 보여서,
남의 눈에서 티를 빼 줄 수 있을 것이다."

–

마태복음 7장 1-5절

같은 상을 주는 걸 보며 형제들은 몹시 즐거워했습니다. 개인적으로는 포도원에서 일하는 걸 대단한 특권으로 생각해본 적이 단 한 번도 없었던 것 같습니다. 아버지를 위해서 형제자매들이 한데 어울려 하루 종일 일하는 모습을 상상해보십시오. 멋지지 않습니까? 끝나기 직전에 끼어든 친구나 전혀 손을 보태지 못했던 식구들도 똑같이 품삯을 받는다면 얼마나 아름다울까요?

비유를 통해서 제가 얼마나 독선적이며 얼마나 뒤틀린 사고방식을 가지고 있는지 알게 되었습니다. 저 역시 늦게 온 이들이 똑같은 삯을 받는 걸 원망하고 서운하게 생각해왔기 때문입니다. 형제자매들과 더불어 저를 가장 사랑하시는 분이 맡기신 일을 하면서 하루를 보내는 게 커다란 특권임을 어째서 새카맣게 잊어버렸는지 알다가도 모를 일입니다. 도대체 무엇 때문에 제가 가장 사랑하는 이들을 아버지가 너그럽게 대해주시는 걸 기뻐하지 못했던 것일까요?

> 오, 감사하는 마음으로 거룩한 빛 가운데로만 걷겠습니다. 그리고 그 빛을 온 세상에 비추겠습니다.
> -
> 낸 C. 메릴
> 《기도를 위한 시편》

탕자의 아버지도 마찬가지였습니다. 잔치를 열면서 큰아들이 소외감을 느끼리라고는 꿈에도 생각지 못했습니다. 오히려 맏이에게 말합니다. "자, 어서 들어오너라! 네 아우가 돌아왔구나! 둘째가 무사히 돌아온 걸 감사하고 기뻐하자! 내가 툭하면 말썽을 피우는 저

공기보다 가볍게! 기쁨과 활기가 넘치는 라르쉬 케이프브레턴의 데이비드 G.
_ 사진 : 아밀 자보

〈모자를 쓰고 웃는 자화상〉, 1630, 동판화

아이를 향해 얼마나 선한 뜻을 품고 있는지 보아라. 이제 집으로 돌아왔으니 한바탕 마음껏 축하하자꾸나. 어서 와서 잔치 자리에 들어가자. 너도 나처럼 감사하는 법을 배우려무나."

누군가를 판단하기보다 그 존재에 감사하는 변화, 그것이 진정한 돌이킴이며 더 깊은 회심입니다. 이런 '귀향'에는 놀라운 유익이 있습니다. 무조건 사랑해주시는 분이 얼마나 필요한지 절감하게 해줄 뿐만 아니라, 다른 이들과 얼마나 깊이 형제자매 관계로 연결되어 있는지 깨닫게 되기 때문입니다. 원한에서 감사로 넘어가는 과정에서 인간으로서의 됨됨이를 확인하게 되는 겁니다.

하지만 집으로 돌아가는 길에는 아직 거쳐야 할 관문이 더 남아 있습니다. '귀향'은 자기만의 문제에 그치지 않고 다른 이들이 품고 있는 원한에 대해 보이는 반응과도 깊이 얽혀 있습니다. 스스로 행실을 살피고 변화를 추구하다보면 더러 다른 이들이 품고 있는 원한을 판단하고 비판하고 싶은 충동을 느끼게 됩니다. 그건 대단히 중요한 순간입니다. 제삼자의 분노와 고통에 어떻게 반응할지 선택해야 하기 때문입니다. 먼저 자신의 삶에 감사하는 마음을 품고 있어야만, 다른 이들의 분노와 정죄를 받아들이되 거기에 휘둘리지 않고 그냥 흘려보낼 수 있는 법입니다. 주님께 고마워해야 할 이유를 꾸준히 찾을 때, 우리는 비로소 전혀 새로운 눈으로 분노와 고통에 귀

> 안팎으로 원수를 깊이 이해하는 건 용서로 가는 중요한 길목이다.
> -
> 장 바니에
> 《인간되기》

를 기울이되 그것이 궁극적으로는 자신이 아닌 상대방의 몫이라는 사실을 쉽게 인정할 수 있습니다. 정죄하지 않고 있는 그대로 받아주는 자세를 갖게 된다는 말입니다.

그러자면 감사를 삶의 일부로 삼아야 합니다. 그렇지 않고서는 상대방의 원망이 이편의 원한에 연결되며 그럴수록 상황은 더 꼬여가게 마련입니다. 적어도 감사하는 삶을 사는 동안은 누군가의 원망을 들으면서 내 원한을 확인하고 합리화하는 실수를 저지르지 않게 됩니다. 남을 정죄하지도 않습니다. 그저 사랑으로 받아줄 뿐입니다.

다른 이들의 판단과 정죄를 사랑으로 받아들일 수 있게 되기까지는 고통스러우리만치 오랜 과정을 거쳐야 합니다. 오르락내리락 수많은 고개를 넘어야 하며 고단한 훈련을 끝없이 되풀이해야 합니다. 분노를 받아주는 것과 학대를 인정하는 것 사이에는 분명한 구분이 있습니다. 그 차이점을 분명하게 깨쳐서 폭력적인 대접을 용납하지 말아야 합니다. 동의할 수 없는 방식에 억지로 맞춰주어선 안 됩니다. 상대방의 잘못된 처사를 정당한 것으로 인정하는 듯 행동할 필요도 없습니다. 다른 이들이 제멋대로 하는 말들, 특히 이편을 공격하는 고통스러운 이야기들을 객관적으로 들으려는 마음가짐은 대단히 중요합니다. 상처를 받았다 싶을 때 자신을 지키러 나서는 건 당연한 처사이지만 동시에 정죄의 감정을 투사하지 않도록 조심해야 합니다. 자신의 경우와 마찬가지로 다른 누군가의 이야기도 환희와 고통이 가득한 세계임을 받아들일 수 있도록 노력할 필요가 있습니다. 그래야 우리 사이의 연대가 더 성숙하고 단단해집니다.

아주 조금씩이기는 했지만, 이웃들에게 나와 다른 인격체로서 저마다 독특한 선택을 할 수 있도록 허용하게 됐습니다. 인간 가족 안에서 제각기 독보적인 위치를 차지하고 있음을 깨닫고 난 뒤부터는 마음을 열고 우리 사이에 존재하는 차이의 아름다움을 받아들일 여지를 남겨두게 된 겁니다. 원한에서 돌이켜 감사로 돌아가는 '귀향'은 인간을 아름답고 다양하게 지어주신 창조주께는 물론이고 광대하고 소중한 인간 가족에 속해 있다는 소속감을 줍니다. 이건 누가 뭐래도 흔들리지 않는 분명한 사실입니다.

### ❋ 귀를 기울이십시오

심신을 조용히 가라앉힐 수 있는 장소와 시간을 찾으십시오. 기다리십시오. 이번 장을 읽는 동안 마음에 떠오른 이미지나 깨달음에 귀를 기울이십시오. 다시 읽어볼 필요는 없습니다. 본문의 내용은 현재 여러분이 살고 있는 삶에 대해 무슨 말을 들려줍니까? 충분한 시간을 두고 온전하고 성실하며 투명해지고 싶어 하는 마음의 소리

사랑하는 주님, 손을 쭉 뻗은 채 이 고독 속에 빠져 지내는 동안,
차츰 어둠에 익숙해졌습니다. 그 어느 때보다도 더 외로운 가운데,
주님이 나를 위해 선택하셨던 죽음을 사는 법을 배우고 있습니다.
그건 그 어떤 죽음보다 고통스럽지만 내 눈은 서서히
그 흑암에 적응하고 있습니다. 주님의 비밀스러운 사랑, 그 어떤 사랑보다
깊은 사랑을 이제는 조금씩 구분하기 시작했습니다.
그리고 이 외로움이 나로 하여금 주께로 돌아가게 한다는 걸 천천히
이해하게 되었습니다. 죽음은 한없이 깊지만 그 안에는 또한
즐거운 삶이 있습니다. 이 캄캄한 어둠 속에서 마침내 빛, 주님의 빛이
밝아오는 걸 봅니다. 내 '집'이 어디에 있는지 보기 시작합니다.
내 안에서 사랑이 거듭 태어나고 있습니다. 고맙습니다.
주님, 감사합니다.

-

헨리 나우웬
라르쉬 데이브레이크 워크숍에서

를 들어보십시오. 침묵을 두려워하지 말고 여러분의 중심에서 깊은 울림이 명확하게 드러날 때까지 기다리십시오. 집으로 돌아가자고 부르짖는 마음의 소리에 집중하십시오.

### ✳ 일기를 쓰십시오

지금껏 살아오는 동안 여러분 가운데 일어났던 멋진 일을 기록하는 데서 시작하십시오. 아버지 어머니와 함께 했던 일일 수도 있고 사랑에 빠졌던 경험일 수도 있고, 삶의 여정에 영향을 주었던 인물을 만났던 사건일 수도 있습니다. 그 밖에 어떤 중요한 일들이 있었습니까? 소중한 만남, 중요한 깨달음, 예상치 못했던 '기적들', 그리고 환희를 안겨주었던 놀라운 일들도 적어보십시오.

의미 있는 인물과 사건들에 감사하는 마음을 글로 옮기십시오. 생활 중에 의식하지 못하고 그냥 흘려보냈던 소중한 것들(삶, 그 자체를 포함해서)의 목록을 만들어보십시오. 여러분의 금쪽같은 역사를 기록하십시오.

> 세상 어딘가에 하나님의 사랑을 항상 확인할 수 있는 데가 있는지 잘 모르겠다. 주님이 그런 곳을 보여주신 적이 없기 때문이다. 그런데 분명하게 알려주신 게 있다. 실족해 있든 다시 일어서든, 하나님은 변함없이 고귀한 사랑으로 지켜주신다는 사실이다.
> ― 노리치의 줄리안

※ **묵상하십시오**

잊지 마십시오. 마음속 깊고 깊은 곳에서 말씀하시는 분의 거룩한 숨결이 여러분을 떠나지 않고 둘러싸고 있습니다. 주님의 임재 속으로 들어가서 여러분이 받아 누리는 온갖 선물에 대해 순수하게 감사하십시오. 믿음과 불신 사이의 망설임과 삶의 불확실성을 초월해서 여러분을 가장 잘 아시고 완전하게 사랑하시는 분께 삶을 맡기십시오. 기쁨으로 하나님께 고마움을 전하십시오.

마음에서 마음으로 대화하십시오.

영혼의 순례에 나선 이들을 위한 지혜 훈련

여섯 번째
## 집으로 가는 길에서 집을 찾으십시오

현실적으로든 영적으로든, 비유에 등장하는 두 젊은이는 제각기 깊은 환멸에 빠졌지만 결국은 집에 들어갈 수 있었습니다. 아버지 말씀에 따르든 따르지 않든, 고분고분하든 안 하든, 깊이 뉘우치든 아니든 형과 아우는 모두 가족으로서 제 몫의 사랑을 받을 자격이 있었습니다. "나는 너희가 있을 곳을 마련하러 간다"고 말씀하실 때, 예수님은 바로 그런 집을 염두에 두신 것입니다.

반면에 나는 갖은 노력을 다 했음에도 불구하고 안전과 용납, 창의적인 보살핌을 베풀어주는 영원한 집을 찾지 못했습니다. 환한 미소, 따듯한 말 한 마디, 꼭 끌어안는 포옹, 우정 어린 선물 따위에서 가끔씩, 그나마도 잠깐 '집으로 가는 길에 들르는 집'을 맛볼 따름이었습니다. 그렇게 몇 달에 걸쳐 고독한 삶을 경험하고 난 뒤부터는 그처럼 특별한 배려를 선물로 받아들이고 감사하게 됐습니다. 또 다른, 더 큰 사랑에 눈을 뜬 겁니다. 이제는 순간순간 마주치는 모든 것들을 단순하게 감사하는 마음으로 받아들이도록 부르시는 음성을 감지할 수 있습니다. 더 나아가서, "당신이 여기 있고 우리가 함께할 수 있어서 정말 기뻐요"라는 말들로 다른 이들을 격려해주라는 도전을 받고 있습니다.

　예수님은 "네 이웃을 네 몸과 같이 사랑하라"고 가르치셨습니다. 여기저기 신경을 쓰며 분주하게 사노라면 이웃과 간단한 사랑을 나누는 일조차 버겁게 느껴지기 일쑤입니다. 사랑에는 긴 말이 필요치 않습니다. 비록 짧은 순간이라 할지라도 평안, 친절, 우정, 가엾게 여기는 마음을 전달할 때 사랑을 느끼는 법입니다. 소중한 이들을 긍휼히 여기며 상하고 열린 마음으로 더 깊이 대화하십시오. 그것이 사랑이 요구하는 영혼의 훈련입니다.

# 집, 사랑을 주고받는 공간

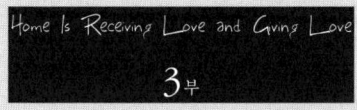

**3부**

사는 동안 깊은 사랑을 받아왔으며 덕분에 원하는 걸 다 할 수 있었다고 지금에야
새삼 깨닫습니다. 저로서는 많은, 정말 수많은 이들에게 감사해야 할 빚을 지고 있는 셈입니다.
물론 사랑해주는 이들 역시 저처럼 상처받고 깨어진 인간일 뿐이지만 그 사랑 덕에
이렇게 오늘의 제가 존재할 수 있었기 때문입니다.

—

Henri J. M. Nouwen
*Home Tonight: Further Reflections on the Parable of The Prodigal Son*

## Home Tonight

## The Primal Relationship 7
## 원초적이고도 중요한 관계

예수님의 삶은 믿음으로 부르시는 초대장이나 다름없습니다. 자신을 믿으라는 권유보다는 늘 '아버지'라고 부르셨던 하나님과의 관계를 신뢰하라는 부르심에 가깝습니다. 더 나아가서 주님은 누구나 그와 같은 관계를 누릴 수 있다는 소식에 귀를 기울이는 이들과 교제하기 위해 세상에 오셨습니다. 삶과 죽음을 통해서, 예수님은 한 사람 한 사람과 관계를 맺고 싶어 하시는 하나님의 사랑과 열망을 세상에 선포하셨습니다. '집'으로 돌아간다는 건 이 원초적이고 중요한 만남에 들어간다는 말입니다.

그리스도와 그분을 세상에 보내신 아버

> 그날에 너는 나를 '나의 남편'이라고 부르고 다시는 '나의 주인'이라고 부르지 않을 것이다. 나 주의 말이다.
> 
> 호세아 2장 16절

지와의 관계는 예수님의 전 생애와 가르침의 구심점입니다. 주님은 스스로 온 게 아니라 성부 하나님 및 성령 하나님과의 관계 속에서 보내심을 받았다고 말씀하십니다. 예수님의 사명과 삶, 말씀, 사역, 수욕受辱과 영광은 처음부터 끝까지 주님을 보내신 분과의 관계에 비추어볼 때만 의미가 있습니다. 그리스도의 삶은 스스로 '아버지'라고 부르신 분과의 관계 속에서만 영원할 수 있습니다. 예수님은 열정적으로 "나를 믿어라"라고 말씀하셨습니다. 예수님을 '사랑하는 아들'이라고 부르시는 분이 주님을 세상에 보내셨다는 사실을 믿으라는 의미입니다. "내가 하는 말을 믿어라. 아버지와의 관계 속에서 그 말씀을 들었기 때문이다"라는 얘기입니다. "나를 믿어라"라고 하신 부분은 곧 "이 모든 일들이 나 혼자 하는 게 아니라 성부-성령 하나님이 나를 통해 역사하시는 것"이라는 뜻입니다. "무슨 영광을 받든지 내 것이 아니라 영으로 하나가 된 분이 주신 것"이라는 말씀이기도 합니다.

> 믿음직스러운 그분의 손을 단단히 붙드십시오.
> 음침한 골짜기를 지날 힘을 얻으십시오.
> 늘 동행하고 앞길을 인도하시는 분을 깊이 의지하는 법을 배우십시오.
> -
> 낸 C. 메릴
> 《기도를 위한 시편》

이러한 연합은 지극히 총체적이고 온전해서 부재나 분리의 경험이 파고들 틈이 조금도 없습니다. 그러한 관계 안에 있는 게 곧 '집'에 머무는 겁니다. 그것이 주님 말씀의 가

〈블라우브뤼흐 부근 방벽에서 본 암스텔 강〉, 1649-50, 소묘

> 나는 너희를 친구라고 불렀다. 내가 아버지에게서 들은 모든 것을 너희에게 알려주었기 때문이다.
>
> \- 요한복음 15장 15절

장 깊은 속뜻입니다.

내게는 아주 새로운 얘깁니다. 예수님을 좇으려면 주님과 그분을 세상에 보내신 아버지가 온전히 하나라는 사실뿐만 아니라 나와 나를 이 땅에 태어나게 하신 분이 긴밀하게 연합되었다는 사실도 신뢰해야 한다는 겁니다. 예수님은 빌립에게 말씀하셨습니다. "나를 본 사람은 아버지를 보았다. 그런데 네가 어찌하여 '우리에게 아버지를 보여주십시오' 하고 말하느냐?" 예수님은 결코 홀로 존재하는 분이 아니며 주님을 세상에 보내신 이와 단단히 결합되어 있습니다. 그 사이에는 단 한 치의 틈도, 눈곱만큼의 두려움도, 순간의 망설임도 없습니다.

인간으로 오신 예수님은 무조건적인 사랑을 베푸시는 분과의 관계를 '육신을 입은' 형태로 보여줍니다. 하나님이 어떻게 인간들 가운데서 '집'이 되실 수 있는지 몸소 본보기가 되신 겁니다. "나를 본 사람은 아버지를 보았다. 나를 믿는 사람은 아버지를 믿는 것이다. 나와 아버지는 하나이다. 내가 아버지 안에 있고 아버지께서 내 안에 계시다는 것을 네가 믿지 않느냐?" 주님이 세례를 받는 자리에 있었던 이들은 너나없이 사랑이 넘치는 하나님의 음성을 들었습니다. "너는 내 사랑하는 아들이다. 내가 너를 좋아한다." 훗날 예수님은 "아버지께서 나를 사랑하신 것과 같이, 나도 너희를 사랑하였다"고 말씀하셨습니다. "내가 너를 좋아한다"는 건 바로 우리들을 향해 하신 말씀입니다. 그리스도뿐만 아니라 우리에게도 유효한 관계라는 뜻입니다. 예수님을 안다는 건 곧 그 관계를 안다는 말입니다.

예수님은 절대로, 절대로, 절대로 그분과 우리가 각기 무조건적인 사랑의 하나님과 맺고 있는 관계가 어떤 점에서든 서로 다르다고 말씀하시지 않습니다. "나는 위대한 성령님을 온전히 알고 있으나, 너희들은 그저 맛만 보는 수준이 될 것"이라고 가르치신 적이 없습니다. "나는 어머니 하나님의 이름으로 커다란 역사를 일으킬 수 있지만 너희들은 사소한 일이나 하면서 살라"고 이르신 일도 없습니다. 단 한 번도 없습니다. 오히려 이렇게 말씀하십니다. "내주하시는 하나님과 긴밀하게 교제하며 들은 얘기는 남김없이 너희들에게 일러주겠다. 너희들도 나처럼 거룩한 사랑을 깨달아 알게 되기를 바라는 까닭이다. 너희들 역시, 사랑을 베푸시는 분의 이름으로 내가 하는 모든 일을 행할 권능을 가지고 있다. 사

> 사랑하는 하나님의 자녀들이여, 인간은 누구나 하나님을 깊이 묵상하도록 부름 받았습니다. 흔히들 오로지 특별한 소명을 받고 수도사의 삶을 사는 몇몇 사람들에게나 해당되는 일쯤으로 치부하지만, 그건 사실이 아닙니다. 모두가 저마다 하나님의 음성을 들을 수 있는 내면의 자리를 갖는 게 마땅합니다. 누구나 주님과 교제할 수 있습니다. 그분은 말씀하십니다. "잠잠하여 내가 하나님인 줄 알라."
>
> — 데즈먼드 투투
> 《하나님에겐 꿈이 있다》

〈성전에서 아기 예수를
만난 시므온〉, 1639, 동판화

사막의 교부들은 "골방으로 들어가라.
골방이 모든 걸 가르쳐줄 것이다"라고 조언한다.
자연 속에서든, 집에서든, 교회에서든, 성전에서든, 도서관에서든,
그 어디에서든 누구도 방해할 수 없는 시간을 따로 떼어놓아라.
가만히 앉았든, 걷든, 묵상하든, 기도하든, 성경을 읽든
원하는 일을 하라. 그리고 주의를 기울여라.

-

웨인 멀러
《休》

실 나보다 더 큰 일도 이루게 될 것이다. 그리고 인간으로서 나를 알아보고 인정해주시는 분이 내게 허락하신 모든 영광을 너희들도 받을 것이다. 너희들도 나처럼 무조건적인 사랑을 쏟으시는 아버지의 장성한 자녀가 될 것이다. 거룩한 사랑의 실재와 단단히 연합하며, 너무도 친밀해서 세상에 성령님의 실존을 드러내는, 눈에 보이는 증거가 될 것이다."

진정으로 듣고 싶은 말씀입니다. 여러분도 그러리라 믿습니다. 예수님은 멀리 떨어진 곳에서 인류를 굽어보며 보살피시는 사랑의 하나님에 관해 이야기하러 오신 게 아닙니다. 전혀 그렇지 않습니다. 주님은 자신을 보낸 분과 나란한 자리에서 만끽하고 있는 관계, 즉 성령-아버지-어머니-사랑의 하나님과 온전히 연합하는 길을 제시하러 오셨습니다.

'성령'은 예수님과 하나님 사이의 긴밀한 연합을 설명하는 어휘입니다. 한없이 완전하고, 충만하며, 거룩하고, 신성하고, 완벽해서 부족한 게 전혀 없는 결합을 나타내는 말입니다. '영'에 해당하는 그리스어 '프뉴마*pneuma*'는 본래 숨을 쉰다는 뜻입니다. 예수님과 그분이 '아버지'라고 부르시는 분의 유대 관계는 마치 숨을 쉬는 것과 같습니다. 숨쉬기는 이루 말할 수 없이 중요하지만 몹시 친숙해서 호흡을 하고 있다는 걸 의식조차 못하게 마련입니다. 숨을 쉬는

〈탕자의 귀향〉 부분, 1668, 유화

게 특별해지는 순간은 무언가 잘못되었을 때뿐입니다. 그게 아니라면 "오 이런, 숨을 쉬는군요!"라든지 "오늘 숨을 참 잘 쉬는 편이네요" 따위의 이야기를 들을 일이 없을 겁니다. 아무짝에도 필요 없는 얘기이기 때문입니다. 호흡은 삶의 일부입니다. 아무도 거기에 신경 쓰지 않고 그냥 숨 쉴 뿐입니다. 그리고 숨쉬기는 곧 생명입니다.

인간의 호흡이 그러하듯, 예수님과 하늘 아버지의 관계는 직접적이고, 한 순간도 끊어질 수 없으며, 의식하지 못할 만큼 가깝습니다. 부활하신 직후에 예수님은 말씀하셨습니다. "내가 떠나가는 것이 너희에게 유익하다. 가서 너희에게 숨, 곧 내 영을 보내주겠다. 그러면 너희는 온전히 내 안에서 살고 나는 너희 안에서 살 것이다."

탕자의 비유는 놀라우리만치 복된 소식을 전하는 이 위대하고 또 위대한 계시를 차근차근 살펴보라고 초대합니다. 이건 관계를 상징하는 이야기입니다. 렘브란트의 그림에서 아버지가 아들의 어깨에 손을 올려놓고 있는 장면을 다시 살펴보십시오. 손의 감촉을 느끼십시오. 그처럼 사랑을 담아 부드럽게 어루만지는 손길이 깊은 감동을 주며 속사람을 생생하게 살아 숨 쉬게 한다는 걸 잊지 마십시오. 사랑으로 쓰다듬어주시는 경험과 단절될 때 찾아오는 고뇌를 여러분은 알고 있을 겁니다. 주님의 놀라운 손길은 온전한 용서로 다시 일어날 힘을 주며 깨진 마음을 고쳐줍니다.

두 눈과 두 손과 외투는 풍성한 축복과 지속적인 사랑, 그리고 몇 번이고 다시 돌아갈 수 있는 집을 상징합니다. '귀향'을 환영하는 아버지의 이야기를 들어보십시오. "어서 좋은 옷을 꺼내서 그에게 입히고, 손에 반지를 끼우고, 발에 신을 신겨라." 사도 바울은 말합니다. "여러분들은 거룩한 자녀들에게 어울리는 새로운 옷을 받고 하나님처럼 될 것입니다." 그건 더할 나위 없이 멋진 예복입니다. 반지는 하나님나라를 물려받을 아들에게 주는 상속자의 표시입니다. 아버지는 마지막으로 말합니다. "살진 송아지를 끌어내다가 잡아라. 우리가 먹고 즐기자." 이 연회는 서로 다른 이들이 같은 은혜를 입고 한 상에 앉아 즐기는 하늘나라의 축하 잔치입니다.

예수님은 "하나님과 동등함을 당연하게 생각하지 않으시고 오히려 자기를 비워" 온전한 연합을 이루셨습니다. 주님은 딸, 아들, 어머니, 아버지와 같은 인간적인 관계들보다 훨씬 더 생생한 이런 이미지를 사용하셔서 관계의 본질을 설명하셨습니다. 우리가 사랑하는 이와 같이 되어야 한다는 대목은 눈을 뗄 수가 없을 만큼 강렬합니다. 인간의 진정한 '귀향'은 영을 통해 사랑의 하나님과 긴밀하게 연결되어 있습니다. 아울러 크리스천들은 스스로 사랑이 넘치는 하나님과 같은 존재가 되어서 다른 이들을 받아들여야 합니다. 문자 그대로 성령 충만해서 상대를 가엾게 여기고 너그럽게 용서하며 창의적이 되어야 합니다.

### ❋ 귀를 기울이십시오

크게 심호흡을 하십시오. 머리를 가득 채운 잡다한 생각들을 내보내고 평안을 들이마시십시오. 저녁 무렵에 예수님과 나란히 산에 오른다고 상상해보십시오. 조금 떨어진 곳에 자리를 잡고 기도하시는 주님을 관찰하십시오. 자신을 세상에 보내신 분과 깊이 교제하시는 모습을 지켜보십시오. 사랑의 하나님과 하나가 된 그리스도를 그려보십시오. 가만히 머물며 귀를 기울이십시오.

이제 혼자 산꼭대기로 올라가십시오. 여러분을 세상에 보내신 분의 임재 안에 있다고 생각하십시오. 잠잠하십시오. 기다리십시오. 아무 말도 하지 말고 그분의 임재 안에 머무십시오. 귀를 기울이십시오.

### ❋ 일기를 쓰십시오

산꼭대기에서 목격한 일들을 기록하십시오. 한없는 사랑을 베푸시는 분과 하나가 된 예수님을 모시고 거기에 섰을 때 떠올랐던 생각들에 주목하십시오. 무엇이 어렵습니까? 상상 속에서 여러분이 들은 이야기를 적어보십시오. 산에 홀로 올라간 것 같은 느낌이 듭니까? 하나님의 영과 깊이 연합할 때 어떤 일이 생겼는지 쓰십시오. 감정, 마음으로 들은 음성, 생각, 느낌 따위를 빠트리지 말고 글로 옮기십시오.

※ **묵상하십시오**

마음속 가장 은밀한 자리로 조용히 들어가서 사랑의 주님 곁에 머무십시오. 말씀과 더불어, 또는 그냥 쉬십시오. 깊이 교제하십시오. 마음에서 마음으로 대화하십시오.

영혼의 순례에 나선 이들을 위한 지혜 훈련

일곱 번째

# 영적 삶의 질서를 찾으십시오

비유에 등장하는 작은아들과 큰아들은 둘 다 자신에게 신경 쓰느라 여념이 없습니다. 어느 쪽도 자신이 속한 가정을 책임질 만큼 성장하지 못했습니다. 유일하게 성숙한 인물이었던 아버지는 내면생활에 깊이가 있었으며, 대단히 침착하고, 가족이라는 울타리 안에서 자신이 차지하고 있는 위치를 완전히 이해하고 받아들였으며, 식구들 하나하나에 걸맞게 헌신합니다.

안타깝게도 지금까지는 내면세계에 자리 잡고 계신 예수님의 성령에 주의를 기울이기보다 분노의 감정, 고통스러운 꿈, 혼란스러운 환상, 풀리지 않는 관계를 둘러싼 상처 따위의 혼란스러운 영에 사로잡혀 있었습니다. 이제는 제 안에 살아 계신 성령님과 직접, 그리고 자주 대화하는 훈련을 하고 있습니다.

예수님은 생명을 허락하신 분께서 우리 한 사람 한 사람과 하나가 되어 긴밀하게 교제하길 원하신다고 말씀하십니다.

> 누구든지 나를 사랑하는 사람은 내 말을 지킬 것이다. 그러면 내 아버지께서 그 사람을 사랑하실 것이요, 우리는 그 사람에게로 가서 그 사람과 함께 살 것이다(요 14:23).
>
> 내가 아버지께 구하겠다. 그러면 아버지께서 다른 보혜사를 너희에게 보내셔서, 영원히 너희와 함께 있게 하실 것이다. 그분은 진리의 영이시다. 세상은 그분을 보지도 못하고 알지도 못하므로, 그분을 맞아들일 수가 없다. 그러니 너희는 그분을 안다. 그것은 그분이 너희와 함께 계시고 또 너희 안에 계시기 때문이다(요 14:16-17).

성경을 보면, 예수님이 사랑의 하나님과 깊이 교제하시는 장면을 자주 만날 수 있습니다. 주님은 산으로 올라가셔서 온 밤을 지새우시며 하나님께 기도하셨습니다. 십자가에 달려서도 하늘 아버지와 내면에서 하나된 것을 큰 소리로 선포하셨습니다. "아버지, 저 사람들을 용서하여 주십시오. 저 사람들은 자기네가 무슨 일을 하는지 알지 못합니다."

## Touch and Blessing
## 8
## 어루만지며
## 은혜를 베푸시다

 

아버지 어머니가 상처를 주었던 일을 골똘히 생각할 때가 더러 있습니다. 그런 식으로 행동하지 않았더라면 얼마나 좋았을까 아쉬워했던 기억도 적지 않습니다. 하지만 이야기를 들어보니 나뿐 아니라 다른 이들도 부모나 배우자, 친척, 친구, 또는 교회 식구들에게서 심각한 상처를 받을 때가 있다는 걸 알게 됐습니다. 그렇게 상처를 받는 까닭은 무얼까요? 부모와 그 밖의 사람들이 하나님의 무조건적인 사랑을 되비쳐주지 못해서가 아닐까요? 어쩌면 너무 단단히 끌어안거나 또는 너무 멀리 밀쳐냈는지도 모릅니다. 그러고 싶어서가 아니라 그들 역시 누군가로부터 불완전한 사랑을 받았던 탓에 상처를 준 겁니다. 우리 한 사람 한 사람은 앞서서 인생길을 지나갔던 모

우리는 늘 누군가가 달라지면 기분이 좋아질 거라고
생각하고 그러길 바란다. 아내가 변하거나 남편이 변한다 치자.
그게 무슨 상관이 있는지 생각해본 적이 있는가?
당신은 예전과 마찬가지로 허약할 따름이다. 예전과 똑같이 아둔하고,
예전과 똑같이 잠에 취해 있다. 변해야 할 존재는 바로 당신이다.
"세상이 바로 돌아가면 기분이 좋아질 것"이라고 말하지만,
천만의 말씀이다. "기분이 좋아지면 세상만사가 다 훌륭해 보이게 마련"이다.
그게 세상의 모든 명상가들이 입을 모아 하는 얘기이다.

-

앤서니 드 멜로

든 이들과 마찬가지로 인간으로서 어쩔 수 없는 한계와 불완전한 사랑에서 비롯된 고통을 공유하고 있습니다. 그렇다고 쓰라린 상처를 속수무책으로 바라보며 아파하는 데 그치거나 죄의식과 자책에 사로잡혀 사는 길만 있는 건 아닙니다. 도리어 이 모든 경험들을 붙들고 무조건적인 사랑을 베푸시는 하나님의 살아 계신 성령님과 더욱 친밀한 관계를 가꿔갈 수도 있습니다. 인간의 영적 여정이란 결국 친밀감과 안전감, 그리고 사랑이 많으신 분(아주 특별하게 찾아오셔서 지금은 우리 안에 계신)과 나누었던 최초의 관계로 다시 받아들여지는 과정을 말합니다.

사는 동안 깊은 사랑을 받아왔으며 덕분에 원하는 걸 다 할 수 있었다고 지금에야 새삼 깨닫습니다. 움직일 수 있고 이야기할 수 있습니다. 많은 이들과 관계를 맺고, 걷고, 미소 지을 수 있습니다. 엄청난 사랑을 받았기 때문입니다. 저로서는 많은, 정말 수많은 이들에게 감사해야 할 빚을 지고 있는 셈입니다. 물론 사랑해주는 이들 역시 저처럼 상처받고 깨어진 인간일 뿐이지만 그 사랑 덕에 이렇게 오늘의 제가 존재할 수 있었기 때문입니다. 그러나 여전히 옛 상처 때문에 아파할 때가 있다는 사실을 솔직히 인정할 수밖에 없습니다. 그리고 그때마다 이미 받은 커다란 사랑을 다 잊어버릴 만큼 고달픈 시간을 보내게 됩니다. 그런 고통을 끌어안고 사는 동안은 자신의

〈엠마오의 그리스도〉, 1648, 유화

신분을 의심하게 되고 관계에 어려움을 겪습니다. 상처를 실감하는 순간, 곧바로 나라는 존재를 누구보다 잘 아시며 그 모습 그대로 사랑해주시고 내 마음을 거처로 삼으신 분께 도움을 청하고 깊이 교제하려 들지 않습니다. 그 대신 나와 마찬가지로 상처투성이인 다른 인간들의 피상적인 사랑을 찾습니다. 이것이 문제입니다.

예수님은 떡을 도구 삼아 하나님의 온전하신 사랑이 어떻게 움직이는지 가르치셨습니다. 성경에서 주님이 떡을 가지고 보여주신 몇 가지 행동은 하나님의 사랑스러운 자녀로서 그분과 우리의 삶을 상징합니다. 마지막 만찬 자리에서 떡을 나누는 과정을 생각해보십시오. 예수님은 먼저 떡을 집어 드셨습니다. 하나님이 한 사람 한 사람을 사랑스러운 아들딸로 특별하게 선택하신 것처럼, 떡도 선택을 받았습니다. 주님은 떡을 손에 들고 축복하셨습니다. 창조주께서 우리들을 하나하나 사랑하는 자녀로 확정해주시는 모습을 떠올리게 합니다. 이윽고 떡을 나누셨습니다. 예수님이 십자가에서 깨지고 찢겼던 것처럼, 그리고 거룩한 자녀들이 삶 가운데서 당하는 부당한 고난들 때문에 부서지고 조각나는 것처럼 떡도 잘게 쪼개졌습니다. 마지막으로 떡을 베푸셔서 생명을 이어가게 하셨습니다. 예수님은 이처럼 손에 쥐고, 축복하고, 나누고, 베푸는 과정을 수도 없이 되풀이하셨습니다. 크리스천은 신택되고 축복받는 기쁨을 누립니다. 그러고는 깨어집니다. 저주를 받아서가 아닙니다. 그리스도의 생애가 보여주듯, 고난은 가엾게 여기는 마음을 더 깊어지게 하며 어려움을 겪는 이들에게 헌신하도록 이끌어가기 때문입니다.

성경은 에덴동산에 관해 기록하면서 가장 먼저 무조건적인 사랑의 관계 속에서 하나님이 아담, 그리고 이브와 어떻게 동행하셨는지 설명합니다. 의심에 빠져서 하나님의 말씀을 저버리고 서로의 말에 귀를 기울이는 순간부터 두 사람은 벌거벗음과 염려, 두려움을 경험합니다. 동산에 숨어 있던 아담은 "네가 어디에 있느냐?"라는 창조주의 질문에 "벗은 몸인 것이 두려워서 숨었습니다"라고 대답합니다. 원죄는 이처럼 원래의 관계를 신뢰하지 못하는 걸 가리킵니다. 하나님 외에 다른 사람이나 사물에서 첫 번째 사랑을 맛보라는 유혹에 넘어간 결과입니다. 다행스럽게도 아담과 이브의 고통과 염려는 창조주의 마음을 움직였습니다. 하나님은 예수님을 세상에 보내시어 원초적인 사랑의 관계를 인격적으로 증언하게 하셨습니다.

예전에 드문드문 교도소를 찾아가서 사역한 적이 있는데, 저마다

> 강제수용소에서 살았던 이들은 막사를 지나다니며 남들을 위로하고, 마지막 빵 한 조각을 기꺼이 건네주었던 이들을 기억할 것이다. 아주 소수에 불과했지만… 인간에게서 모든 걸 다 빼앗을지라도 상황을 초월해서 자신의 태도를 결정하는, 다시 말해서 제각기 독자적인 길을 선택하는 최후의 자유만큼은 어쩌지 못한다는 증거를 제시하기에는 충분하다.
>
> ― 빅터 E. 프랭클
> 《죽음의 수용소에서
> Man's Search for Meaning》

〈아담과 이브〉, 1638, 동판화

깊은 상처를 안고 있는 인간이 인정받고, 존중받으며, 얘기를 들어줄 상대를 만나고, 총체적인 소외감에서 벗어나려는 절박한 욕구를 채우지 못해서 결국 죄인이 된다는 사실을 깨닫고 숙연해지곤 했습니다. 대다수 범죄자들은 사랑받고 있음을 실감하고 싶어서 그야말로 안달을 합니다. 거절당했다는 느낌이 들면 극도의 공포감에 빠져서 이렇게 죽느니 죽이는 편이 낫다는 극단적인 생각까지 하게 됩니다. 개인적으로는 악해서가 아니라 절박해서 살인을 저지르는 경우가 열에 여덟아홉은 될 거라고 믿습니다. 이른바 '흉악범'이라는 이들도 알고 보면 사랑과 보살핌을 제공하는 헌신된 관계를 보장받고 싶은 갈망에 시달리는 인간에 불과한 경우가 많습니다. 조금만 잘해줘도 눈물을 흘리며 울부짖습니다. 지금도 그들의 외침이 들리는 것만 같습니다. "내가 뭘 어쨌다는 겁니까? 그저 가치 있는 인간으로 인정받기를 바랐을 뿐입니다. 아내, 그리고 아이들과 더불어 가족의 일부가 되고 싶었을 따름이라고요." 그런 형제자매들 가운데 상당수는 사랑스럽게 어루만지는 그 안전한 손길을 단 한 번도 느끼거나 체험해본 적이 없었습니다.

어쩌면 세상에서 어려움을 겪고 있는 이들을 새로운 관점에서 볼 필요가 있을지 모릅니다. 알다시피 너나할 것 없이 내면에 온갖 불안한 행동들을 통해서 "제발 나를 알아보고 사랑해주세요"라고 부

오 성령님, 고통과 감사의 마음을 가지고
이 땅에 사는 모든 형제자매들과 더불어 주께 나옵니다.
그들과 함께 여기 멈춰 서서 주님의 사랑을 기다립니다.
한 사람 한 사람이 진리를 알게 하시고,
스스로 주님의 사랑스러운 자녀임을 더 온전히 깨닫게 도와주십시오.
각자의 내면에 계신 성령님이
새로운 기적을 일으켜주시길 소망합니다.

—

헨리 나우웬
라르쉬 데이브레이크 워크숍에서

르짖는 외로운 인격을 감추고 있습니다. 인간의 괴로움은 진정한 사랑을 느끼고 싶어 하는 간절한 욕구의 표현인 경우가 대단히 많습니다. 원초적인 사랑을 전혀 모르는 이들은 필요한 사랑을 제공해줄 수 있을 것처럼 보이는 누군가에게 눈을 돌릴 수밖에 없습니다. 이처럼 절박한 욕구는 자칫 폭력으로 이어질 수도 있습니다. "당신 없이는 아무것도 못 하겠어. 그러니까 아무데도 가지 말고 내 곁에 있어야 해!" 부드럽게 어루만지는 대신 갑자기 상대방을 틀어쥐고 겁을 줍니다. 먹살잡이를 한다든지, 따귀를 때린다든지, 깨문다든지, 주먹을 휘두른다든지, 심지어 성폭행까지도 모두가 사랑을 주고받길 원하는 갈망의 다른 얼굴이라는 점을 생각하면 문득 두려운 생각이 듭니다.

렘브란트는 어마어마한 고통에 짓눌린 채 오랜 세월을 보낸 뒤에야 〈탕자의 귀향〉을 그릴 수 있었습니다. 이 화가만큼 많은 눈물을 쏟았던 사람도 드물 겁니다. 먼저 세상을 떠난 자식들을 위해, 눈앞에서 숨을 거둔 아내들을 생각하며 울고 또 울었습니다. 렘브란트는 그런 눈물과 고통을 통해서 눈을 뜨고 하나님 사랑의 실체를 깨달았습니다. 길을 잃고 방황하는 자식을 위해 눈이 멀도록 눈물을 흘리셨던, 그러나 육신의 시력 대신 내면의 빛으로 사랑을 드러내는 아버지를 의식하게 된 겁니다. 렘브란트는 먼 지방으로 떠나는 자식이 그리스도의 영이 나를 정결케 합니다.

그리스도의 몸이 나를 구원합니다.

그리스도의 피가 나를 취하게 합니다.

그리스도의 옆구리에서 쏟아진 물이 나를 씻습니다.

그리스도의 고난이 나를 강하게 합니다.

오, 선하신 예수님, 내 기도를 들어주십시오.

고난을 당하되 주님에게서 떨어지지 않게 해주십시오.

사악한 적에게서 나를 지켜주십시오.

세상을 떠나는 순간에 저를 불러주시고

'내게 오라!'고 명령해주십시오.

그러면 뭇 성도들과 함께 주를 찬양하겠습니다.

영원히, 영원토록. 아멘.

–

성 이그나티우스의 기도문 중에서

〈탕자의 귀향〉 부분, 1668, 유화

장차 어떤 고생을 하게 될지 뻔히 알면서도 억지로 그 앞을 막아서지 않으시는 분의 사랑을 백 퍼센트 이해하고 그림을 그렸습니다. 친밀한 관계를 맺으면서도 자유로운 선택을 가로막지 않는 하나님은 사랑하는 자녀들이 겪는 괴로움을 속속들이 아시며 집으로 돌아오는 과정도 낱낱이 지켜보십니다. 렘브란트는 인간 아버지의 형상을 빌려서 바로 그 하나님을 묘사하고 있는 겁니다. 눈물도, 실명에 가까운 시력도, 그 무엇도 귀향길에 오른 사랑하는 자식을 알아보는 데는 전혀 지장을 주지 못했습니다.

그림에서 아버지의 손을 살펴보십시오. 찬찬히 보지 않으면 두 손의 형태가 다르다는 걸 놓치기 쉽습니다. 하나는 남자의 손이고 다른 하나는 여자의 것입니다. 거룩하신 하나님은 하늘에서 피조물을 굽어보시는 남성적인 존재만이 아니라는 사실을 화가는 잘 알고 있었습니다. 예수님이 알려주고 싶어 하셨던 창조주의 다른 측면을 정확하게 꿰뚫어보았던 겁니다. 렘브란트가 경험한 성자 하나님은 아버지와 어머니의 장점에다가 그 밖의 무수한 미덕들을 더한 최고의 성품을 가진 분이었습니다. 그래서 예전에 그린 〈유대인 신부〉라는 그림에서 여성의 손을 가져왔습니다. 주인공은 여성성(지키고, 보살피며, 지나치리만치 사랑이 깊은)을 한 눈에 알 수 있을 만큼 여리고, 온유하며, 부드러운 손을 가졌습니다. 한편, 남성적인 손은 렘브란트 자

〈유대인 신부〉, 1663, 유화

신의 것이었습니다. 손의 임자가 아버지이고, 후원자이며, 보호자이고, 자유를 베푸는 인물이라고 말해주는 상징입니다. 여러 자식과 아내들을 앞세우고 길고 지루한 삶을 살아낸 뒤에, 렘브란트는 비로소 붙들고 떠나보내며, 보호하고 자유를 부여하며, 아버지가 되고 어머니가 되는 일의 참뜻을 깊이 파악했습니다. 삶의 마지막 순간을 향해 가면서 하나님의 이미지를 제대로 그릴 수 있었던 까닭이 거기에 있습니다. 고통스러운 사건들이 마음에 상처를 내고 원한에 사무치도록 만들기만 했던 건 아닙니다. 한편으로는 눈이 밝아져서 자녀들과 친밀하고도 특별한 관계를 맺고 싶어 하시는 사랑이 많으신 주님의 갈망을 알아보게 되었습니다. 렘브란트는 인류에게 생명을 주시는 분을 마음이 한없이 따듯하고 사랑이 가득한 상담자, 다시 말해서 미숙하지만 한창 성장하고 있는 '어른아이'를 붙들고, 축복하고, 떠나보내고, 다시 받아들여서 안전하게 살게 하시는 분으로 그렸습니다. 아버지의 망토를 보십시오. 고딕식 건물의 아치 같지 않습니까? 그렇습니다. 무언가를 보호하는 장치처럼 보입니다. 새끼들을 품고 있는 어미 새의 날개 같습니다. 시편 말씀 그대로입니다. "내가 주께로 피합니다. 이 재난이 지나가기까지, 내가 주의 날개 아래 그늘로 피합니다"(시 57:1). 어른아이의 어깨를 쓰다듬는 은혜로운 손길은 아버지이자 어머니, 아니 그 이상의 존재로서 어루만지

사랑이 많으신 온 우주의 창조주시여,
주님이 계시는 곳이 얼마나 영광스러운지요!
내 영혼이 노래하며,
사랑스러운 분과 함께 있고 싶어서 못 견딜 지경입니다.
내 안에 있는 모든 것들이 기쁨을 이기지 못하고
살아 계신 사랑의 하나님께 노래합니다.
주님의 장엄한 창조세계 안에서
참새도 집을 얻고
제비도 어린 새끼들을 키울 둥지를 찾습니다.
주님은 우리를 부르십니다.
그 거룩한 심장에 들어와 살라고.
-

난 C. 메릴
《기도를 위한 시편》

는 완전한 사랑의 표현입니다.

　언젠가 라르쉬를 설립해서 세계 곳곳에 공동체를 세운 장 바니에가 손에 대해 이야기하는 걸 들은 적이 있습니다. 상처 입은 새를 부드럽게 감싼 모양을 해보이며 날아갈 자유를 허용하는 열린 손이라고 설명했습니다. 그리고 그처럼 에워싸는 두 손이 모두 필요하다고 했습니다. 하나는 "너를 사랑하므로 잘 붙잡아서 안전하게 지키고 있단다. 절대로 떠나지 않을 테니 걱정 말아라"라고 말하는 손입니다. 또 다른 손은 "가거라, 아들아. 가서 네 뜻대로 해보아라. 실수하고 배우고 아파하고 성장해가며 네가 꿈꾸는 인물이 되어라. 염려할 것 없다. 너는 자유이다. 나는 늘 네 곁을 지키마"라고 말하는 손입니다. 장 바니에는 그 둘을 한데 모은 게 무조건적인 사랑을 베푸시는 분의 손이라고 말했습니다.

　라틴어로 축복은 '베네딕투레benedicture'입니다. '베네'는 좋다는 말이고 '딕투레'는 '말하기'라는 뜻입니다. '베네디체레benedicere'도 비슷한 표현인데 '좋은 일을 발표하고 서로 확인'한다는 의미입니다. 그림에서 두 손으로 어루만지는 장면은 아내와 더불어 낳은 자식을 뜨겁게 확인하며 사랑하는 아버지의 축복을 묘사하고 있습니다. 설령 탕자가 가는귀가 먹었다 치더라도 이 한 마디만큼은 정확하게 들을 수 있습니다. "집으로 돌아와 주어 정말 고맙구나. 그

〈요셉의 아이들을 축복하는 야곱〉, 1656, 유화

동안 네가 커가는 걸 줄곧 지켜보면서 어서 어른이 되어 내 곁에 있어주기를 간절히 바랐단다. 미치도록 그리워하며 기다리고 또 기다렸지. 너는 내 소중한 아이이고 온 마음으로 사랑하는 나의 자식이다." 아버지의 이 축복은 아직 젊은 아들의 가슴을 깊이 파고들었을 겁니다.

지배하는 대신 사랑을 속삭이시는 분과 복된 관계에 참여하는 축복을 누릴 수 있다고 증언하는 것이 예수님의 사명이었습니다. 예수님은 탕자의 비유를 말씀하실 때, 하나님의 백성의 역사에 부모가 자식을 축복하는 거룩하고 또 신성한 사건들이 수없이 아로새겨져 있음을 염두에 두셨습니다. 아브라함은 이삭을 축복했고, 훗날 이삭은 다시 야곱을 축복했습니다. 탕자 이야기를 들려주시면서 한 사람 한 사람이 저마다 축복의 손길이 영원토록 자신에게 머물러 있는 것을 확인하고 이해하며 확신하기를 기대하셨습니다. 온 우주를 지으신 창조주는 살아계십니다. 축복의 말씀을 마음에 속삭이십니다. 허락받은 자유를 마음껏 활용해서 세상을 불쌍히 여기는 중재자가 되라고 말씀하십니다. 태초부터 종말까지 단 한 순간도 변치 않고 사랑으로 삶을 어루만져주시는 분과 단단한 유대를 맺고 있다는 건 축복 중의 축복입니다.

하나님과 관계를 맺고 집에 머문다는 건 곧 '예수님이 아버지라고 부르는 분'의 마음속에 거한다는 뜻이기도 합니다. 사랑 그 자체이신 하나님의 모태 안에 거처를 마련하고 친밀하게 교제하게 된다는 뜻입니다. 사랑의 중심에 서서 세상을 내다보면 당장이라도 피를 뚝뚝 흘릴 것처럼 가슴이 아프게 마련입니다. 하나님의 자리에서 그분의 눈으로 세상을 보기 때문입니다. 주님과 긴밀하게 연결되는 데서부터 차츰 성장해서 마침내 우리가 사랑하는 그분처럼 되는 겁니다. 다른 인간 가족의 구성원들과 마찬가지로 우리는 결코 취소되지 않는 무조건적인 사랑을 선물로 받은 복 받은 백성들입니다. 아울러 고통 속에 헤매는 이들을 불쌍히 여기고 도와야 하는 백성들이기도 합니다.

예수님은 "내가 곧 길"이라고 말씀하셨습니다. 성경을 한 장 한 장 넘겨가며 주님을 좇는다면 누구나 길을 찾을 수 있습니다. 말씀을 읽을수록 예수님이 그분을 세상에 보내신 아버지와 지속적으로 교제하며 관계를 긴밀하게 유지하시는 모습을 더 분명하게 볼 수 있습니다. 주어진 길을 걷다가 고난을 만났을 때, 주님은 "왜?"라고 묻지 않으셨습니다. 상처를 주는 이들을 비난하신 적도 없습니다. 괴로움을 묵묵히 견디셨으며, 사랑을 베풀어주시는 분과 더 가까이 사귀셨고, 잔인하게 고문하며 죽음으로 몰아넣은 이들을 용서하고 염려하셨습니다. 이것이 예수님의 길입니다. 그 길을 제시하시면서 가진 것에 만족하라.
지금 상태 그대로 기뻐하라.
부족한 게 없음을 깨달을 때,
온 세상은 그대의 것이다.
-

웨인 멀러
《휴》

〈풍차〉, 1641, 동판화

주님은 고난과 인생을 들여다보는 새로운 눈도 아울러 주셨습니다.

집으로 돌아간다는 건 곧 예수님의 길을 선택하는 걸 말합니다. 삶에서 벌어지는 갖가지 선하기도 하고 고통스럽기도 한 일들을 인정하고 받아들이며 그 여정에서 상처를 주는 사람들을 용서할 수 있는 참을성과 용기를 달라고 기도해야 하는 길이기도 합니다. 그런 이들의 사랑은 제한적이고 조건적이지만 무한하고 조건 없는 사랑을 탐색하는 실마리를 줍니다. 주님이 가신 길은 고난의 광야를 지나서 신비로운 완전함을 되찾고 하나님 보시기에 가장 아름다운 존재가 되는 과정으로 이끌어줍니다.

### ※ 귀를 기울이십시오

잠잠히 앉아서 "하나님은 어떤 분이신가?"라고 묻고 답하는 데 집중하십시오. 여러분이 가진 하나님 개념이 생명의 근원으로서의 특징들을 가지고 있는지 곰곰이 생각하십시오. 그 하나님과 마음으로 어떤 연관을 맺고 있는지 돌아보십시오. 다음에는 의미심장하지만 역시 제한적으로 하나님의 이미지를 그린 그림을 다시 한 번 살피십시오. 친밀함과 연합을 갈구하는 가장 은밀한 목소리에 귀를 기울이십시오. 아버지가 아들에게서 눈을 돌려 여러분을 끌어안으며 손을 이끌어 '어른아이'의 자리에 앉히는 장면을 상상해보십시오.

마음의 준비가 되었다면 사랑이 넘치는 아버지의 품에 머리를 기대고 집으로 돌아온 걸 고마워하며 쓰다듬어주시는 여성스러운 손길을 기다리십시오. 이번에는 굳센 남성의 손이 기쁨과 축하의 의미를 담아 어루만져주시는 걸 느껴보십시오. 온유함과 반가움, 여러분을 향한 무조건적인 사랑이 그득한 말씀에 귀를 기울이십시오.

### ❋ 일기를 쓰십시오

환영의 포옹을 받으며 마음을 스쳐갔던 온갖 감정들을 적어보십시오.

### ❋ 묵상하십시오

자녀로 인정하며 반가이 맞아주시는 말씀에 두렵고 떨리는 마음으로 귀를 기울이십시오. 사랑이 넘치는 주님의 손을 잡고 일어나십시오. 자비로운 눈을 바라보며 말씀하십시오. 사랑으로 교제하십시오. 마음에서 마음으로 대화하십시오.

영혼의 순례에 나선 이들을 위한 지혜 훈련

여 덟 번 째

# 사랑을 받아들이십시오

　비유에 등장하는 두 아들 가운데 어느 쪽도 사랑을 주고 또 받는 방법을 제대로 깨칠 만큼 나이가 들지 않았습니다. 그러나 제각기 독특한 방식으로 분리의 고통을 절감한 뒤에 고립 상태를 정리하고 저마다 다른 경로를 거쳐 식구들이 기다리는 집으로 돌아왔습니다. '집'에서 기다리던 사랑이 넘치는 아버지는 용서와 자비, 조건 없는 환대로 아들들을 축복했습니다.
　개인적으로는 강건해져서 상처를 싸안고 괴로워하는 이들을 돕는 걸 좋아합니다. 그런데 너그럽게 베풀면서도 한편으로는 수지타산적인 사고방식을 버리지 못합니다. 친절을 받아들이는 데 익숙하지 않아서 어떻게 해서든 되갚으려 합니다. 귀향을 반기는 환대를 받으면서도 마음이 복잡합니다. 이게 첫 가출이 아니며 앞으로도 집을 나가지 않으리라는 보장이 없기 때문입니다. 그러나 삶의 경험과 고통은 우리의 마음을 열어 보살핌과 친절한 배려와 지원을 감사히 받아들이며 사랑의 가치를 실감하게 이끌어줍니다.

　남들이 보여주는 사소한 사랑의 몸짓에 민감해집시다. 우리가 특별히 아름다운 존재임을 일깨워주기 때문입니다. 보일 듯 말 듯한 미소, 따듯한 말 한 마디, 진심이 담긴 포옹, 인간임을 확인해주는 인정과 격려 따위를 고마워하며 받아들이도록 노력합시다. 그 하나하나는 성령님께로 되돌아가 다시 연합하는 순간 베풀어주시는 어마어마한 환영을 상기시켜줍니다. 이런 사랑은 언제든 주고받을 수 있으며 그때마다 스스로 하나님의 사랑스러운 자녀임을 다시 확인할 수 있습니다.

# Unconditional Love
## 9
## 조 건 없 는

## 사 랑

 

부모를 비롯한 인간의 애정은 더 큰 사랑의 그림자일 뿐입니다. 그럼에도 그 애정이 살아가는 데 큰 힘이 되는 건 부인할 수 없는 사실입니다. 가족을 포함해서 여러 주변 인물들과의 관계가 스스로 사랑받을 만하다거나 사랑스럽지 못하다고 느끼는 데 결정적인 영향을 준다는 점 역시 재론의 여지가 없습니다. 진정한 사랑은 자아정체감을 키워줍니다. 반대로 가족의 사랑이 불완전하면 자존감이 무너질 수밖에 없습니다. 무한한 사랑을 받아본 경험이 유한하다는 사실이야말로 누군가 조건 없는 사랑을 베풀어주길 기대하는 내면의 깊은 갈망을 일깨우는 가장 강력한 자극제가 아닐까 싶습니다.

개인적으로는 가족, 특히 아버지와의 관계에 치유가 필요하다는 걸 스스로 잘 알고 있습니다. 언젠가 아버지가 했던 이야기가 지금도 선명하게 떠오릅니다. "네가 날 권위적인 인간으로 보고 있다는 걸 안다. 맞다, 난 권위적이야. 하지만 참 이상하기도 하지? 어째서 그냥 그렇게 살게 내버려두지 않는 거지? 넌 심리학자잖아? 프로이트를 비롯해서 수많은 학자들이 권위적인 성격을 이해할 수 있는 길들을 제시했을 것 같은데 말이야. 그런데 다른 데도 아니고 바로 여기, 집안에 있는 권위적인 인물 하나 이해하고 받아줄 수 없다는 거냐? 네가 어떻게 친구들을 구속하지 않고 우정을 쌓아가는지 모르겠다만, 최소한 이 애비가 내 방식대로 자유롭게 관계를 맺어가도록 해주지는 못하는 것 같구나." 나는 얼른 대답했습니다. "다 맞는 말씀이에요. 그렇고말고요."

하지만 내 맘 깊은 곳에서는 여전히 아버지가 달라져야 한다는 생각을 버리지 않았습니다. 커피 타는 법을 가르치거나, 이발 좀 하라고 다그치거나, 아직 어려서 운전하면 안 된다는 모욕적인 얘길 하거나, 말에 토를 달지 말라고 윽박지르는 등 나를 좌지우지하려는 행동에 의미를 부여했기 때문입니다. 우리 둘 사이에는 기본적인 이해조차 없었습니다. 쉰일곱 살이나 먹었으면서도, 나는 아버지가 관계를 맺는 방식에 상처를 입었습니다. 그날 깨달은 게 있습니다. 더 많이 양보하고, 상대방을 있는 그대로 받아들여야 하며, 사랑을 토

마음의 자유는… 우리를 열어서 공통적인 인간성을
발견하도록 이끌어간다. … 외로움에서 출발해서 변화를 일으키며
소속감 안에서, 그리고 소속감을 통해서 성장하게 만드는 사랑으로
나아가는 여정이다. … 공통적인 인간성을 찾아내면 자기중심적인
충동들과 내면의 상처에서 벗어나기가 한결 쉬워진다.
궁극적으로 원수진 이들을 용서하고 사랑하는 데서 만족을 찾게 된다.
그야말로 참다운 인간이 되어가는 과정인 셈이다.

-

장 바니에
《인간되기》

〈꿈을 이야기하는 요셉〉, 1638, 동판화

대로 관계를 이끌어가기 위해 더 노력해야 한다는 점이었습니다.

그런 씨름 덕분에, 아버지를 바꾸려는 욕심에서 벗어나려면 더 크고 높은 사랑이 필요하다는 걸 알았습니다. 물론 아직까지는 완전하다고 말할 단계는 아니지만, 하나님의 온전하신 사랑을 받았다는 관점에서 바라보면, 나를 속상하게 하는 아버지의 이런저런 면모들에 신경 쓰지 않고 함께 웃으며 그 존재 자체에 더 깊이 감사하는 게 가능하다고 믿게 되었습니다. 아버지가 나를 사랑하기 전에 이쪽에서 먼저 사랑했다는 생각을 하면 그 어른을 있는 그대로(여느 인간들과 마찬가지로 선량하고 사랑스러운 마음을 가졌으며 권위를 내세우지만 실상은 왜소한 노인으로) 받아들일 수 있었습니다. 그렇습니다. 아버지가 시쳇말로 '한 성격' 하는 건 사실입니다. 하지만 그게 커피 타는 법을 얘기하시는 아버지에게 미소를 보이지 못할 이유가 될 수 있을까요? 아직도 많이 부족하지만, 아버지에게 그 어떤 조건도 붙이지 않고 가장 자신다운 모습으로 살 수 있게 허락하면서 기분이 참 좋아졌습니다. 무엇보다 나 역시 여러 가지 기괴한 구석들과 내 길을 찾으려는 사랑스러운 마음을 동시에 가진 인간에 지나지 않습니다. 하나님의 원초적인 사랑을 기억하고 주장하면서, 비현실적인 기대를 버리고 내게 아버지를 주셨다는 사실 자체를 감사하게 되었습니다.

식구들이나 배우자나 자녀들을 억지로 뜯어고치려는 욕심을 버리고 '더불어 지내며' 용납하는 게 좋습니다. 그럴 때 비로소 남들은 나와 다르며, 다들 제 나름대로 생각하고 행동하게 마련이며, 나와 전혀 다른 선택을 할 수 있다는 사실을 받아들일 만큼 자유로운 마음을 갖게 됩니다. 실수를 저지르고 저마다 자신에게 적합한 속도와 방식으로 인생의 교훈을 얻을 수 있도록 허용하는 게 중요합니다. 그렇게만 된다면 가까운 이들이 이편의 기대에 맞춰 살아주길 바라지 않고 도리어 상대방이 우리를 완전하게 사랑하지 않는다 하더라도 감사할 수 있으니 얼마나 행복하겠습니까! 어른들이 평안하게 세상을 떠나도록 배려할 수 있으니 얼마나 좋은 일입니까! 예수님은 권면하십니다. "아버지를 그냥 내버려두어라. 어머니를 그냥 내버려두어라. 형제를 그냥 내버려두어라. 자매를 그냥 내버려두어라." 주님은 부모든 형제자매든 그처럼 자유롭게 내버려두는 게 하나님의 무조건적인 사랑을 반가이 맞아들일 뿐만 아니라 차츰 그림의 주인공처럼 다른 이들을 자애롭게 포용하는 아버지의 모습으로 변해갈 여지를 남기는 일이라는 것을 잘 알고 계셨던 모양입니다.

> 미래에 관해서 해야 할 일은 예측하는 게 아니라 실현하는 것이다. 인간이 환상을 쫓는 게 아니라 환상이 인간을 따라오는 것이다.
> - 아메리카 원주민의 격언

사랑의 반대말은 미움이 아니라 두려움이라는 걸 점점 더 실감하게 됐습니다. 누군가를 미워하지 않는다 할지라도, 관계 가운데서

공중그네 훈련은 마음속 어두운 구석에 숨어 있는
갖가지 거룩하지 못한 영들을 꿰뚫어보게 해주었다.
… 실패할까 두려웠다. 남들이 어떻게 볼지 두려웠다.
당황스러워서 어쩔 줄 모를까 봐 두려웠다.
자제력을 잃을까 두려웠다. 신뢰하지 못할까 봐 두려웠다.
기대를 채우지 못하면 버림받을까 두려웠다.
-
샘 킨
《나는 법 배우기》

자유롭게 행동하면 남들의 사랑을 잃게 되는 게 아닐까 겁이 났습니다. 그리고 그 두려움이 얼마나 매섭게 고립과 폭력으로 몰아가는지 갈수록 또렷하게 깨달았습니다. 구체적으로 설명하자면 이런 얘깁니다.

자신이 하나님의 사랑스러운 자녀임을 온전히 깨닫지 못한 상태에서는 실제로든 상상으로든 사랑받지 못하고, 구박받고, 거부당하고, 받아들여지지 않는다는 느낌을 둘러싼 온갖 괴로움을 다 짊어지고 다닙니다. 스스로 괜찮은 인간이 못된다고 생각하는 이 잘못된 감각은 외로움, 두려움, 괴로움 따위의 감정을 불러일으킵니다. 그러고는 그런 정서에서 출발해서 정신없이 돌아다니며 누군가로부터 용납을 받으려고 발버둥칩니다. 세상을 내편과 '기타 등등'으로 가릅니다. 보호 본능에 사로잡힌 채, 호의적인 반응을 보이는 이들에게 집착합니다. 친구들과 가까워지려는 이가 보이면 곧바로 도전적인 자세를 취합니다. 애정을 빼앗길까 걱정하는 겁니다. 미워해서가 아니라 두려워서입니다. 상대를 위험한 존재로 인식하고 의혹의 눈길을 보냅니다. 불안하다고 느끼면 살아남아야겠다는 생각의 지배를 받습니다. 실제로든, 상상 속에서든 내 영역을 보호하는 장벽을 쌓습니다. 다음에는 긴급한 상황을 염두에 두고 필요한 물건을 비축합니다. 남들이 나보다 더 강해지고 출세할 때를 대비해

〈목수의 작업장에 있는 거룩한 가족〉, 1640, 소묘

서 감정과 돈, 지식, 물질, 사랑을 미리 쟁여놓는 겁니다.

형제자매들이 부르짖는 소리가 귓가에 쟁쟁합니다. "이것 좀 보세요. 댁은 수많은 친구와 엄청난 지식을 가지고 있습니다. 곳간에는 곡식이 그득하죠. 댁은 쓰고 남을 만큼 가졌고 난 형편없이 모자랍니다. 한 쪽 떼어주시겠어요? 어째서 나눠주지 않는 거죠? 그럼 나도 넉넉해질 수 있잖아요." 하지만 두려움을 주인으로 모시고 사는 나는 대답합니다. "그래요, 지금은 넘치는 게 사실이에요. 하지만 내일 일은 누구도 모르는 거잖아요? 그러니 어떻게 나눠줄 수 있겠어요?"

극심한 두려움의 먹구름이 지평선 너머에서 피어오르면 당장 최악의 사태를 떠올립니다. 장벽 뒤에 숨어 있지만 누군가가 무너뜨릴까 두렵습니다. 그래서 담장 꼭대기에 깨진 유리 조각들을 박아 넣고 폭발물까지 설치합니다. 그런데 이번에는 폭발이 일어났을 때 벽이 적들을 향해서가 아니라 이편으로 무너지면 어떻게 하나 겁이 납니다. 두려움은 사람을 소진시킵니다. 사랑받고 또 사랑하고 싶은 소망을 좇지 못하게 합니다.

내면의 여유를 갉아먹고 제 손으로 벽을 둘러쳐서 감옥을 만들게 하는 데는 두려움이 으뜸이고 미움이 그 다음이라는 걸 기억해두길 바랍니다. 그리고 스스로 얼마나 두려워하고 있는지 돌아보았으면

인간이 가진 모든 건 차용품이다. 가정, 직장, 강물, 가까운 관계,
몸, 경험 따위를 비롯해서 죄다 위탁품이며 사용 기간이
끝나는 순간 돌려주어야 한다. 빌려 쓰는 입장이므로
반드시 지켜야 할 까다롭고 엄격한 관리 규정들이 있다.
말하자면 이런 것들이다. 자신의 유익만을 위해 사용하지 않는다.
조심스럽게 간수한다. 처음 받았을 당시만큼 온전하거나
더 나은 상태로 반납한다.

-

존 매퀴슨 II
《항상 다시 시작한다》

좋겠습니다.

두려움은 불안하고, 사랑받지 못하고 있으며,
혼자라는 감정을 심어줍니다.
자유롭게 행동하면 앞으로도
사랑을 받지 못할 거라고 믿게 만듭니다.
세상을 친구와 적으로 나누라고 충동질합니다.
뭐든지 쌓아놓아야 할 것 같은 마음이 들게 합니다.
사랑하고 사랑받을 수 있는 능력을 앗아갑니다.
사람과 사물에 집착하게 몰아갑니다.
중심에 계신 사랑의 성령님과 교제하는 능력을 제한합니다.

두려움이 마음껏 지배하고 작용하게 방치한다면, 우리는 조건 없는 사랑이 넘치는 집에서 멀리 떠나 비참한 삶을 살게 될 겁니다.
반면에 우리의 모범이신 예수님은 제자들에게 "두려워하지 말거라. 온전한 사랑은 두려움을 내쫓는다"라고 말씀하셨습니다. 주님은 자유롭게 걸어 다니셨고, 자유롭게 사셨으며, 자신을 세상에 보내신 분과 친밀한 관계를 맺으셨습니다. 온밤을 지새우거나 새벽같이 일어나서 사랑을 베풀어주시는 아버지와 교제하며 시간을 보내셨습니다. 마지막 말씀을 전하시면서 이렇게 가르치셨습니다. "아버지께서 나를 사랑하신 것과 같이, 나도 너희를 사랑하였다. … 누구든지 나를 사랑하는 사람은 내 말을 지킬 것이다. 그러면 내 아버지께서 그 사람을 사랑하실 것이요, 우리는 그 사람에게로 가서 그 사람과 함께 살 것이다. … 보혜사, 곧 아버지께서 내 이름으로 보내실 성령께서, 너희에게 모든 것을 가르쳐주시고, 또 내가 너희에게 말한 모든 것을 생각나게 하실 것이다."

> 장로들 몇이 압바 포이멘을 찾아와서 말했다.
> "거룩한 의식을 행하고 있는 동안 졸고 있는 형제가 있다면, 야무지게 꼬집어서 깨워야 할까요?"
> 압바가 노인들에게 말했다.
> "실제로 내가 그렇게 조는 형제를 보았다면, 내 무릎을 베고 편히 자게 해주겠습니다."
> ― 유시 노무라
> 《사막의 지혜》

예수님은 다음 몇 가지 사실들을 확실히 믿게 하시려고 세상에 오셨습니다.

창조주 하나님의 사랑은 공로 없이
거저 주시는 순수한 선물입니다.
인간에게는 생명의 근원되신 주님과
관계를 맺거나 그러지 않을 자유가 있습니다.
여러분과 내가 아버지, 어머니, 배우자, 형제, 자매, 자녀,
교사, 친구, 동료, 또는 카운슬러로부터 받은

〈기도하는 다윗〉, 1652, 동판화

모든 사랑을 다 끌어안는 더 큰 사랑이 존재합니다.
무조건적인 사랑을 기쁘게 받아들이면
저절로 무조건적인 사랑을 베푸시는 분과 더욱 닮아가게 됩니다.
거룩한 하나님의 사랑은 영원토록 변함이 없습니다.

탕자의 비유는 자녀들과 교제하기 위해 끈질기게 기다리시는 하나님의 모습을 놀랍도록 정확하게 포착한 비유입니다. 자식이 집을 나갈지라도 사랑의 주님은 돌아오기를 기다리십니다. 우리는 스스로 정죄할지 모르지만 하나님은 잘못 내린 결정에 객관적으로 책임을 묻지 않으십니다. "당장 나가라! 이젠 너를 사랑하지 않는다. 못된 녀석 같으니라고. 지옥엘 가든 말든 난 상관하지 않겠다!"라고 말씀하지도 않으십니다. 하늘이 두 쪽 나도 그런 일은 없습니다. 그건 예수님이 소개하는 영원한 사랑의 공급자, 하나님의 성품에 어긋나는 반응입니다. 예수님의 하나님은 토머스 머튼의 말을 빌리자면 "자비이시며 자비 안에, 자비 안에" 계시는 분입니다. 자비로운 사랑을 받으면 자비로워집니다. 아버지와 같은 모습으로 변하는 겁니다.
 얼마나 멋진 이야기입니까. 하지만 인간을 창조하신 분이 여러분과 나를 열정적으로 기뻐하며 사랑하신다는 진리를 완벽하게 구현하지는 못합니다. 사실 성경이 말하는 하나님의 이미지 가운데 일부는 우주를 조성하신 분의 마음보다는 인간적인 표현의 한계와 특정한 세계관을 더 선명하게 드러내는 것 같습니다. 그럼에도 불구하고 우주의 광막함과 상호연결에 대한 지식은 이런 글들 덕에 차츰 발전하여왔습니다. 이제는 하나님을 '어리석은 결정을 하는 자녀들에게 두 번째 기회를 주시지 않으시며 더 이상 자식으로 인정하시지 않는 쌀쌀한 분'으로 생각할 이유가 없게 된 겁니다. 예수님이 드러내 보여주신 하나님의 넓고 넓은 마음을 상상해보려고 안간힘을 쓸 필요가 없습니다. 그분은 "나는 의인을 부르러 온 것이 아니라, 죄인을 부르러 왔다"(마 9:13)라고 말씀하시는 창조주이십니다. 그리고 탕자의 비유를 통하여, 우주의 주인은 한 사람 한 사람에게 말합니다. "긴말 하지 말고 가엾게 여기는 내 마음을 신뢰해라. 어서 좋은 옷을 꺼내서 그에게 입히고, 손에 반지를 끼우고, 발에 신을 신겨라. 그리고 살진 송아지를 끌어내다가 잡아라. 우리가 먹고 즐기자. 나의 이 아들은 죽었다가 살아났고, 내가 잃었다가 되찾았다."

그렇습니다. 나는 먼 지방으로 떠났습니다. 집을 나가서 제 힘으로 삶을 개척해보고 싶었습니다. 그러나 결국 돼지들과 뒹구는 신세가 됐습니다. 큰 어려움을 겪었고 많이 깨달았습니다. 그렇습니다. 나는 분노의 감정을 감춘 채 아버지의 포도원에서 성실하게 일했습니다. 하나님이 그러라고 하셔서가 아니었습니다. 조건 없이 사랑을

주님은 내 모든 두려움이 실존하는 데서
내 앞에 상을 차려주십니다.
기름을 부어 축복하시니
내 잔이 넘쳐흐릅니다.
진실로 주님의 선하심과 인자하심이
평생토록
나를 따르리니
사랑이 많으신 주님의 마음에
영원히 머물겠습니다.
-

난 C. 메릴
《기도를 위한 시편》

베푸시는 분은 말씀하십니다. "너를 너무 사랑해서 세상을 살아가며 선택할 자유를 주었다. 그러나 기억해라. 내가 가진 건 모두 네 것이다. 너는 늘 나와 함께 있을 것이다. 어리석은 선택을 했음에도 불구하고 너를 향한 내 사랑은 늘 진실하고 변함이 없단다. 그러므로 어서 돌이키고 나를 닮은 모습으로 살아가라."

참다운 생명의 참다운 근원을 더 잘 알아갑시다. 모든 진리의 영을 마음에 모셔서 두려움과 원한과 미움을 떨쳐내고 하나님의 형상을 닮은 삶을 삽시다. '귀향'을 자꾸 되풀이 하더라도 필요 이상으로 괴로워하지 맙시다. 레너드 번스타인Leonard Bernstein은 〈미사The Missa〉라는 극을 썼습니다. 지극히 현대적인 상황을 설정하고 사제가 미사를 올리는 과정을 그린 장엄한 오페라입니다. 사람들은 성직자에게 옷을 입히고 번쩍 들어 올려서 마치 존경받는 왕을 모시는 것처럼 중앙의 가장 중요한 자리로 데리고 나옵니다. 그러다 갑자기 추락해서 바닥을 구릅니다. 성배와 접시가 함께 떨어져 박살이 납니다. 무대가 바뀌면 이번에는 같은 성직자가 청바지로 갈아입고 유리 조각으로 난장판이 된 중앙으로 걸어 나옵니다. 그러곤 놀라운 얘길 합니다. "여기 흩어진 유리 파편을 보기 전까지는 빛이 얼마나 밝은지 몰랐구나"라고 느릿느릿 말하는 겁니다. 떠받들어주는 사람도 없고 쏟아지는 스포트라이트도 없었습니다. 주인공에게 진정 자신

〈깃펜을 다듬는 필경사〉, 1635, 소묘

이 누구인지 보여준 건 잘게 쪼개진 유리 조각 속의 이미지들이었습니다.

그러므로 '귀향'이란, 뼛속 깊이 스며들어 관계에 심각한 타격을 입히고 비참한 세계에 갇혀 살게 하며 자유를 도둑질해가는 두려움에서 돌아서는 겁니다. 저마다 깨어진 삶의 파편에서 진리의 빛을 알아보는 걸 의미합니다. 우리는 그저 두려움에 사로잡힌 아이들일 뿐이어서 신실하게, 친밀하게, 변함없이 관계를 이끌어 갈 능력이 없습니다. 그러나 지속적으로 용서를 받으면서 차츰 다른 이들을 사랑할 힘을 키워가게 됩니다.

예수님의 사명은 세상에 오셔서 인간들과 온전히 섞여 사시면서 집으로 불러서 삶의 진실과 마주하게 하는 데 있습니다. 주님은 변함없는 사랑의 모태에, 늘 함께하는 임재의 친밀감 속에, 생명과 생기를 주시는 분의 집에, 긍휼히 여기시는 창조주의 이름 가운데 살고 가르치셨습니다. 하나님의 이름은 우리의 집이며 거처입니다. 누가 "어디에요?"라고 물으면 "집이에요. 그분의 이름 안에 있어요. 여기가 내가 사는 곳이고 안전감을 얻는 자리에요"라고 대답하십시오. 그리고 인도하시는 성령님과 더불어 이 집에서 출발하여 영원히 떠나지 않을 소속감의 근원이 되는 세계로 걸어 들어갑시다. 우리가 뿌리를 내리고 영원히 머물 자리는 하나님의 이름, 집, 가족, 모태,

잃어버렸던 형제자매들이 집으로 돌아오는 걸
어떻게 환영해야 할까요? 그들에게 달려가십시오.
껴안으십시오. 입맞춤을 하십시오. 여러분이 가진 것 가운데
최고로 좋은 옷을 골라 입히십시오. 귀빈으로 모시십시오.
산해진미를 대접하십시오. 친구와 가족을 불러서 잔치를 여십시오.
사죄나 해명을 요구하지 말아야 한다는 점을 명심하십시오.
다시 함께할 수 있어서 이루 말할 수 없을 만큼 기쁘다는 뜻을
전달하는 것으로 충분합니다. … 과거는 지나갔고 흔적은 사라졌습니다.
정말 중요한 건 우리 마음이 형제자매가 돌아온 데 대한
감사로 가득 채워진 여기, 그리고 지금입니다.

—

헨리 나우웬
《영혼의 양식》

〈높은 강둑과 개울 근처의 농가〉, 1648, 소묘

그리고 교제와 연합입니다. 예수님은 제자들에게 "너희는 세상에 속하지 않았다. 나는 세상에 속하여 있지 않다. 나는 아버지께 속하여 있다"고 말씀하셨습니다. 예수님은 스스로 온전하고 철저하게 거룩하신 하나님과 친밀한 관계를 맺으며 살아가고 있으며 그분 안에 그런 교제를 막을 만한 게 전혀 없다고 말씀하고 계신 겁니다. 주님은 똑같은 선물을 세상에 전하러 파송되었다는 사실을 잘 아셨습니다. 이제 우리 역시 성령 하나님과 깊은 교제를 나누며 삽니다. 예수님이 그러셨던 것처럼, 우리도 세상이 아니라 거룩한 보혜사에게 속해 있습니다. 하나님이 그리스도를 세상에 보내셨던 것처럼, 오늘을 사는 크리스천들도 다른 이들에게 값없이 사랑을 베풀며 무조건적인 사랑이 가능하다는 걸 보여주는 본보기가 되도록 이 땅에 파견되었습니다.

예수님은 우리를 이끌고 사랑이 넘치는 하나님의 가슴속으로 들어갑니다. 주님은 "나는 내 아버지께로, 그리고 너희들의 아버지께로 간다"고 말씀하십니다. 거룩하신 분의 마음속에 있다는 건 곧 세상의 중심에 섰다는 뜻입니다. 온 세계가 모두 창조주의 마음속에 있기 때문입니다. 하나님이 하시던 일을 이어받아 계속하며 인간 가족에 속한 다른 식구들을 깊이 사랑하는 따뜻한 심장을 가진 인물이 되려면 사랑 그 자체이신 하나님의 심장에서 출발해야 합니다. 사랑이 많으신 하나님의 가슴속에 있을 때 인간은 자유롭고 너그러워지며 항상 집에서 기다리다 귀향길에 오른 형제자매를 환영할 수 있게 됩니다.

### ❋ 귀를 기울이십시오

오랜 세월을 가로질러 여러분에게 말씀하시는 사랑이 많으신 하나님의 음성에 귀를 기울이십시오.

내가 너를 속량하였으니, 두려워하지 말아라. 내가 너를 지명하여 불렀으니, 너는 나의 것이다. … 내가 너를 보배롭고 존귀하게 여겨 너를 사랑하였으므로, … 내가 너와 함께 있으니 두려워하지 말아라(사 43:1, 4-5).

이제부터는 내가 너희를 종이라고 부르지 않겠다. … 내가 아버지에게서 들은 모든 것을 너희에게 알려 주었기 때문이다(요 15:15).

누구든지 나를 사랑하는 사람은 내 말을 지킬 것이다. 그러면 내 아버지께서 그 사람을 사랑하실 것이요, 우리는 그 사람에게로 가서 그 사람과 함께 살 것이다(요 14:23).

아버지께서 나를 사랑하신 것과 같이, 나도 너희를 사랑하였다. 너희는 내 사랑 안에 머물러 있어라. 너희가 나의 계명을 지키면, 나의 사랑

안에 머물러 있을 것이다. 그것은 마치 내가 나의 아버지의 계명을 지켜서 그 사랑 안에 머물러 있는 것과 같다(요 15:9-10).

그러나 내 말을 듣고 있는 너희에게 내가 말한다. 너희의 원수를 사랑하여라. 너희를 미워하는 사람들에게 잘 해주고, 너희를 저주하는 사람을 축복하고, 너희를 모욕하는 사람을 위하여 기도하여라(눅 6:27-28).

온 마음을 다하여 그 음성을 들으십시오.

※ **일기를 쓰십시오**

상처 입은 과거에 매여 사는 삶을 포기하고, 한 사람 한 사람을 깊이 사랑하시는 분의 뒤를 따르기로 작정하는 마음을 글로 옮기십시오. 부드럽게 자신을 열고, 두려워하던 이들을 불쌍히 여기려는 의지와 소망을 기록하십시오. 어떤 이들을 두려워하는지, 그리고 어떻게 하면 그들을 평생 한 길을 가는 형제자매로 끌어안을 수 있는지 적으십시오. 아버지와 어머니로서의 은사를 십분 발휘해서 다른 이들을 섬길 수 있는 방법을 노트에 써보십시오.

※ **묵상하십시오**

이제 여러분의 삶을 향해 말씀하시는 하나님과 대화하십시오. 단단히 잠긴 빗장을 열고 오늘날 생활 중에 마주치는 모든 이들에게 긍휼과 용서와 환영을 베풀 수 있도록 큰 깨달음을 주시길 요청하십시오. 이야기를 마친 뒤에는 잠잠히 다시 확인해주시는 음성을 들으십시오. "두려워하지 마라. 여기 있어라. 집으로 돌아와라. 네 심령 가장 깊숙한 곳에 머물러라."

 마음에서 마음으로 대화하십시오.

성령님, 생명의 주님,
맑고 투명한 하늘 지극히 높은 곳에서
주님의 순수한 환희의 광채가 쏟아집니다.

가난한 자들의 아버지시여, 오시옵소서.
변치 않는 보배들을 가지고 오시옵소서.
살아 있는 모든 존재의 빛이신 주님, 오시옵소서.

가장 위대한 위로자시여,
불안한 이 가슴을 찾아주셔서
원기를 되찾을 선물을 베풀어주십시오.

주님의 역사는 달콤한 위로입니다.
폭염 속에 쏟아지는 상쾌한 냉기입니다.
괴로움 가운데 맛보는 위안입니다.

빛, 영원히 사라지지 않는 거룩한 빛이여,
주님의 소유인 이 심령들을 찾아와주시고
존재의 가장 깊은 구석까지 채워주소서.

주님이 은혜를 거둬 가시면
우리 안에 순수한 게 아무것도 남지 않으며
선한 것들은 모두 병들고 말 것입니다.

상처를 치유하시고 기운을 새롭게 하시며
메마른 광야에 이슬을 내려주소서.
죄의 때를 말끔히 씻어주소서.

완고한 마음을 꺾으시고,
얼어붙은 마음을 녹이시며, 냉랭한 심령을 따듯하게 하시며,
방황하는 발걸음을 인도하소서.

주께 고백하며 찬양하는 이들에게
언제나 함께하시며
아낌없이 선물을 쏟아부으십니다.

세상을 떠날 때 위안을 주시며,
생명을 허락하시어 주님과 함께 하늘나라에 머물게 하시고,
영원히 끝나지 않는 기쁨을 허락하소서.

아멘.

-

헨리 나우웬
라르쉬 데이브레이크 워크숍에서

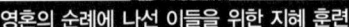

영혼의 순례에 나선 이들을 위한 지혜 훈련

아홉 번째

# 도움을 요청하십시오

집을 떠나 외따로 살아가던 작은아들은 음식뿐 아니라 집을 나오면서 잃어버린 것들을 되찾게 도와줄 손길에도 주리고 목말랐습니다. 그러나 다시 진리 안에 서서 자신을 되찾게 도와달라고 요청하면서 죄책감과 수치심의 부담을 이겨내고 집과 가족에게로 돌아갈 수 있었습니다. 큰아들은 약자의 자리에서 도움을 갈망하는 동생을 받아들이는 법을 아직 배우지 못했습니다. 하지만 아버지는 두 형제를 모두 부모의 역할을 하는 단계까지 성장하도록 초청했습니다.

내게는 사랑받고 있다는 확신이 필요했으므로, 강렬하기 이를 데 없는 부정적인 감정들을 대안으로 알고 집착했습니다. 단단히 결심했다가 주저앉고 머뭇거리며 돌아섰다가 집에 들어가기가 무섭게 다시 떠나버리는 게 나의 패턴이었습니다. 좌절을 겪고 난 뒤에 위니펙으로 물러나 지내는 동안, 부끄럽기는 하지만 도움이 필요하다는 걸 깨달았습니다. 두 사람이 몇 달에 걸쳐서 함께 머물면서 내 이야기를 잘 들어주고, 위로하고, 이런저런 질문을 해주었습니다. 그 둘이 없었더라면 어떻게 지냈을지 상상조차 할 수 없습니다. 이제는 내가 건강한지 또는 문제가 있는지 정확하게 아는 친구들이 여럿 있어서 정기적으로 만나 떠남과 귀향, 그리고 집에 있다가 나처럼 떠났다 돌아오는 이들을 환영해주고 싶은 소망을 나눕니다.

  영적인 삶은 혼자서 어찌해보기에는 너무도 어려운 과제입니다. 어떤 이들은 영성 훈련을 영적인 지도라고 부릅니다. 훌륭한 멘토들은 떠났다 돌아오기를 수없이 되풀이한다는 얘기를 들어도 그다지 놀라지 않습니다. 그들 스스로 똑같은 길을 가고 있기 때문입니다. 앞서서 지도하는 이들은 귀 기울여 듣고, 동기를 분명하게 확인하고, 파괴적인 패턴을 가려내게 도와줍니다. 정죄하지 않고 무얼 해야 할지 알려주는 멘토를 만나고 싶은 심정은 누구나 마찬가지일 겁니다. 용기를 북돋워서 미래를 향해 나아갈 방향을 결정할 수 있는 자리까지 데려다주고, 도전해서 일으켜 세우며, 소중한 유산인 사랑을 되찾도록 도와줄 누군가가 필요합니다. 훌륭한 멘토들은 진리로 가는 길뿐만 아니라 따뜻한 사랑으로 맞아주길 기다리는 인간 가족의 형제자매들에게 닿는 길을 가리켜 보여줍니다.

# Letter to Henri Nouwen

에필로그

## 헨리 나우웬에게 보내는 편지

고맙습니다. 하나님이 헨리 나우웬, 당신의 삶 깊숙한 곳, 고통스럽고 불가해한 자리에 말씀하신 이야기들을 나누어주어서 참 감사합니다. 크리스천들에게 가장 친숙한 이야기로 통하는 문을 보여주고 그 비유 속을 자유롭게 활보할 수 있게 해주어서 고맙습니다. 우리와 똑같이 괴로움을 겪고 있는 세상의 뭇 사람들과 연대하여 살아가는 진실한 삶과 우리의 고통을 맞바꾸게 해주어서 고맙습니다. 집으로 가는 도중에 쉬었다 갈, 길 위의 집들로 통하는 샛길을 알려주어서 고맙습니다. 더불어 영적인 삶을 훈련하고 연습할 수 있는 방법들을 알려주어서 고맙습니다. 덕분에 서서히 예수님이 자신을 세상에 보내셨던 분과 즐기셨던 바로 그 친밀한 관계를 맛볼 수 있게 되었습니다.

혹시 알고 있습니까? 비유에 등장하는 두 아들과 닮은 부분을 솔직하게 나누노라면 저도 모르는 사이에 이야기 속 아버지, 다시 말해서 우리들이 진리로 돌아오길 간절히 기다리시는 하늘 아버지의 형상을 닮게 됩니다.

어쩌면 누군가는 "오늘 밤에는 집에 있을 건가요?"라는 존의 질문을 흘려들었을지 모릅니다. 그러나 거듭 되풀이되는 그 물음에 힘입어 헨리 나우웬이라는 한 인간은 용감하게 두 번째 외로움 속으로 발을 내딛고 더듬더듬 그 어두움을 통과해서 데이브레이크라는 집으로 돌아올 수 있었습니다. 똑같은 과정을 밟으라고 초청하는 당신의 목소리에서는 피상적인 구석을 찾아볼 수가 없습니다. 고맙습니다.

> 스스로 구세주가 될 필요는 없다. 우리는 그저 약점이 수두룩한, 그러나 소망을 품고 힘을 모아 한 번에 한 심령씩 세상을 변화시키도록 부름을 받은 인간에 불과하다.
> –
> 장 바니에
> 《인간되기》

"오늘 밤에는 집에 있을 건가요?"라는 질문은 PBS 다큐멘터리, 〈마음의 여정, 헨리 나우웬의 삶Journey of the Heart: The Life of Henri Nouwen〉의 한 대목에서 따왔습니다. 이제 우리는 당신이 했던 말을 간단히 정리해서 존의 질문에 답하려고 합니다.

아버지의 품안에 꼭 안겨 있는 탕자를 그린 렘브란트의 그림을 대하는 순간, 완전히 넋을 빼앗긴 채 중얼거렸습니다. "저기가 내가 있고 싶은 곳이야." 그때부터 자신을 집으로 돌아가고 싶어 하는 탕자로 여기기 시작했습니다. 그런데 … 큰아들이 갑자기 말을 걸어왔습니다. 듣고 보니 내가 바로 큰아들이었습니다. 마음에 수많은 원망과 원한을 품고 지냈습니다. 너무도 많아서 삶을 온전히 즐길 수가 없었습니다. 비로소 두 아들이 모두 내 안에 살아 있다는 걸 깨달았습니다.

그로부터 일 년 남짓 지났을 무렵, 대단히 중요한 일이 일어났습니다. 우울증이 심해져서 오랜 기간 라르쉬 데이브레이크를 떠나 있던 때였습니다. 공동체 식구가 찾아와서 이런저런 이야기를 나누던 중에 불쑥 말했습니다. "신부님은 늘 스스로 탕자라고 말씀하시는군요. 큰아들이라고 얘기하는 경우도 자주 있고요. 하지만 이제는 아버지가 되실 때입니다. 하나님은 그렇게 되라고 당신을 부르셨어요."

그림에서 아버지의 모습을 보세요. 이 인물은 아버지의 손과 어머니의 손을 다 같이 가지고 있어요. 남성의 손과 여성의 손이 사랑스러운 자식을 어루만지고 있는 거죠. 아버지의 모습이 어린 새끼를 자기 몸에 바싹 끌어당겨 커다란 날개로 포근하게 감싸고 있는 어미 새 같지 않나요? 단 한 마디도 묻지 않고 자식을 환영하는 노인을 좀 보세요. 심지

렘브란트의 〈탕자의 귀향〉을 보러 상트페테르부르크에
갔을 때만 해도 본대로 살아야 한다는 생각을 거의 하지 않았습니다.
경외감을 품은 채, 거장이 이끄는 자리에 서 있을 따름이었습니다.
렘브란트는 남루한 옷차림으로 무릎을 꿇고 있는
작은아들에게서 구부정하게 서 있는 아버지에게로,
축복을 받는 자리에서 은총을 베푸는 자리로 인도했습니다.
나이 들어 쪼글쪼글해진 내 두 손을 바라봅니다.
이제는 알겠습니다. 이 손은 고통을 당하는 모든 이들에게 내밀라고,
집을 찾아온 모든 이들의 어깨에 내려놓으라고, 하나님의
그 어마어마한 사랑에서 비롯된 축복을 베풀라고 주님이 주신 손입니다.

—

헨리 나우웬
《탕자의 귀향》

어 아버지는 작은아들의 얘기를 들어보려고도 하지 않아요. 그냥 더불어 집에 머무르면서 한 상에 둘러앉을 수 있으면, 그리고 차츰 성장해서 자신과 같은 인물이 되어주면 그걸로 됐다는 투예요.

불현듯 내 마지막 소명은 집으로 돌아가는 데서 그치는 게 아니라 집에 머물면서 돌아오는 이들을 반가이 맞아주는 거구나, 깨달았습니다. "이렇게 와줘서 기쁘구나, 정말 기뻐! 다들 서둘러라. 가장 멋진 옷을 꺼내오너라. 귀중한 반지를 가져오너라. 최고급 신발을 내오너라. 네가 마침내 돌아왔으니 한바탕 잔치를 벌여보자꾸나!"

★ HenriNouwen.org에 접속하거나 Daybreak Publications(pubs@larche-daybreak.com)를 통해서 오디오 테이프나 파일을 구입하시면 헨리 나우웬의 강연을 육성으로 들을 수 있습니다.

사랑하는 주님,
손을 쭉 뻗은 채 이 고독 속에 빠져 지내는 동안, 차츰 어둠에 익숙해졌습니다.
그 어느 때보다 더 외로운 가운데, 주님이 나를 위해 선택하셨던
죽음을 사는 법을 배우고 있습니다. 주님의 비밀스러운 사랑,
그 어떤 사랑보다 깊은 사랑을 이제는 조금씩 구분하기 시작했습니다.
그리고 이 외로움이 나로 하여금 주께로 돌아가게 한다는 걸 천천히 이해하게 되었습니다.
이 캄캄한 어둠 속에서 마침내 빛, 주님의 빛이 밝아오는 걸 봅니다.
내 '집'이 어디에 있는지 보기 시작합니다.

_ 헨리 나우웬